教育发现

EDUCATION DISCOVERY · EDUCATION DISCOVERY · EDUCATION DISCOVERY · EDUCATION DISCOVERY · EDUCATION DISCOVERY · EDUCATION DISCOVERY · EDUCATION DISCOVERY · EDUCATION DISCOVERY

教育 EDUCATION
DISCOVERY 发现

觉者为师

# 何以为师

王维审／著

教育

山东文艺出版社

**图书在版编目（CIP）数据**

何以为师 / 王维审著 . -- 济南：山东文艺出版社，
2025. 6. -- ISBN 978-7-5329-7353-8

Ⅰ . G451.2

中国国家版本馆 CIP 数据核字第 2025HC1127 号

# 何以为师

HE YI WEI SHI

王维审　著

| | | |
|---|---|---|
| **主管单位** | 山东出版传媒股份有限公司 | |
| **出版发行** | 山东文艺出版社 | |
| **社　　址** | 山东省济南市英雄山路 189 号 | |
| **邮　　编** | 250002 | |
| **网　　址** | www.sdwypress.com | |
| **读者服务** | 0531-82098776（总编室） | |
| | 0531-82098775（市场营销部） | |
| **电子邮箱** | sdwy@sdpress.com.cn | |
| **印　　刷** | 山东新华印务有限公司 | |
| **开　　本** | 710 毫米 × 1000 毫米　1 / 16 | |
| **印　　张** | 16.5 | |
| **字　　数** | 190 千 | |
| **版　　次** | 2025 年 6 月第 1 版 | |
| **印　　次** | 2025 年 6 月第 1 次印刷 | |
| **书　　号** | ISBN 978-7-5329-7353-8 | |
| **定　　价** | 55.00 元 | |

# 问惑、明道、求解

我一直希望找到某种方法，能够把教师成长的诸多问题说得尽可能清楚，而不是点到为止。曾经做过很多尝试，也写过几本关于教师成长的书，但总是感觉不很满意，所以一直在寻找。

直到有一天，看见两个人在路边挖大树根。树的主干已被移走，只剩露出地面的矮矮一截，直径有十几厘米的样子。两个人用铁锹和镘头耐心地清理着树根周围的土壤，为了一个看起来不太大的树根，挖出了一个大大的土坑。我瞬间顿悟：所有的问题就像深埋地下的树根，我们能够看到的不过是浅浅的表象，要想解决关键的根本，需要开大的创口、挖深的坑道。

也正因此，才有了这本书的构思，才有了问惑、明道、求解的问题解决方案，也才有了这二十五个真实的追问。

## 问惑：提出具体而本质的问题

我们做教师的都有一个直接经验：善于提问题的学生成绩都很

好。这是因为提出问题的过程，就是一个思考的过程。一个人提出问题，一定是在对某种现象百思而不得其解后，有了思考，基本上也就有了成长。我之所以要强调"善于"，是觉得问题是有好坏之分的，好的问题包含着高质量的思考，不好的问题可能就预示着混乱的思维和慵懒的习惯。举个例子说，在自习课上，学生指着一道题问老师——这道题怎么做呢？这就不是一个好的问题，因为学生没有把自己的思考说出来，没有把自己的堵点准确地表达出来。或许我们还可以做这样的猜测，这个学生只是看了看这道题，觉得有难度便作为问题提出来了，压根没作思考。

同样的道理，善于提问题的老师，一般也都是很不错的老师。当然，"很不错"的前提依然是"善于"。怎样才叫善于提出问题？这可以从多个维度来衡量，最重要的一个标准就是提出的问题是"好问题"。怎样的问题才算好问题呢？这也有很多的标准来裁定，最根本的标准就是——具体且本质。具体很好理解，就是所提出的问题开口很小、指向很明确，不是云里雾里的那种空发问；本质就是万事万物的根本性，此处指能够找到问题的关键所在，强调问题的深度与深刻性。具有"具体而本质"属性的问题，通常是深度思考的结果，只有深度思考了才能在具体的点上发问，所提出的问题才有可能反映出内在本质。所以，这样的问题是好问题，是我们需要的问题。

这本书所探讨的问题全部来自一线教师，源于讲座与交流后的互动，以及读者阅读后的积极反馈。这样的问题有很多，我选择了其中典型的二十五个进行了书面回应，它们都应该是"好的问题"，我把它们称为"成长之惑"。显然，问惑是教师成长的基础性行动，善于提出具体而本质的问题，是教师走向专业成长的第一步。

## 明道：说清楚问题的根本性

道是什么？道是普适的原则、基本的规律、底层的逻辑，也就是上面提到的问题的根本。

要想解答一个问题，首先要弄清楚问题的根本是什么，也就是这里所说的明道。这个明道，取自中国古代哲学中的"取势、明道、优术"。只有把问题说明白了、理解透彻了、定性准确了，了解问题的根本属性、问题发生的根本原因以及问题背后的底层逻辑，才能形成有效的解决方案和策略。明道是一种智慧，也是一种表达方式，它的实现通常有两个路径可以遵循：一是明确地说出是什么，二是巧妙地打个比方。

柏拉图曾经对"人"下定义，说人是没有羽毛、两腿直立的动物。他试图通过人的形体特征来区分人与其他动物，但这个定义并没有正确揭示出人区别于其他动物的本质特点，只是抓取了人的表象特征，所以很多人对此不屑，哲学家第欧根尼就曾拎着一只拔了毛的鸡，讥讽地对他说："这就是你说的人？"后来柏拉图的学生亚里士多德给人下了一个定义——人是理性的动物。这就直抵人的本质，也就毫无异议了。所以，当我们试图去回答问题时首先要做的就是用简洁的语言说出问题的本质是什么，即认知逻辑上的"是什么"。只有明确了"是什么"，才能科学地落实"怎么做"，这也更符合人的认知规律。

说清楚一件事的另一种方式就是打比方。所谓的打比方，就是用一种常见的、易于理解的比喻，去说明一种抽象事物的根本属性。比如说，谈恐怖分子，可以用很多描述性的语言来解释，但理解起来还是有难度，于是，赫拉利就打了个比方来说明：恐怖分子就像是一只苍蝇，想要摧毁一家瓷器店，但很明显自身没有这么大的力量，于是它就钻进公牛的耳朵里，让公牛发飙，然后冲进瓷器店。这样一来，我们便轻轻松松地了解了恐怖分子的本质。你看，我现在是不是也打了个比方，说明了打比方的本质。在这本书中，每个问题后面的"突围之道"就是一个明道的过程，我希望能够用简洁的语言来说明问题的本质，从而为后面的方法绘制出"轨道"。

## 求解：探索出问题解决的方案

求解的关键是针对性，就如同治病一样，用的药必须与患的病高度匹配。求解就是给药的过程，第一步便是确定病因，并且一定是根本的原因，也就是明道过程中产生的结论。在这里，我还是想重提确定原因的重要性，因为原因不明，方案就无从谈起。

古代航海时代，船员长期受困于坏血病，直到 1747 年一名军医通过对照实验发现吃柑橘和柠檬能治疗坏血病，并寻找到了柑橘和柠檬的长期保存方法，帮助船员彻底告别了坏血病。但问题解决后，却并没有人去思考柑橘和柠檬为什么能治疗坏血病。直到一百年后，坏血病再次缠上了船员，才有人开始研究柑橘和柠檬治疗坏血病的根本原因，确定是它们富含的维生素 C 起到了关键作用，而船员之所以再次患病，则是因为不断改变的柑橘与柠檬的保存技术破坏了维生素 C。一个解决方案如果不是基于根本原因，有可能会有暂时的成效，但一定不能彻底解决问题。

在明确了根本原因后，重要的就是给出可行的方案，这种方案要具有综合性和严谨性，绝对不能陷入浅尝辄止或者就事论事的泥潭里。浅尝辄止是针对问题解决的深度而言，如果就某个问题给出的方案不痛不痒，流于表面，这样的方案是肤浅的、非严谨的；就事论事是针对问题解决的宽度而言，就像前面提到的"挖树根"，要想挖掉一个埋于地下的树根，肯定不能紧紧贴着树干来挖，而是要扩大挖掘的面积，才有可能让树根拔地而起。针对本书中的二十五个问题，我在给出自己的想法时尽可能避免了浅尝辄止和就事论事，而是试图通过多点解读深度剖析来说明问题，通常是在每一个问题之后，紧跟着三至四篇文章。这些文章，单篇可以独立说明一个问题，与其他文章一起亦可以或并列或递进地系统阐释问题。做这样的一种设计或规划，最终目的就是像挖树根一样找到问题的根基，然后层层地解释、环环地推进，直至将问题的"根"彻底挖掉。这里还需要说明的是，把这本书的名字定为《何以为师》，就是想要跳出二十五个问题的解决的局限，提供一种思维的方式：如何警觉成长中的困惑？如何将困惑淬炼为问题？如何定义这些问题？如何获得问题解决的道与术？授人以鱼，不如授人以渔。这个道理自古就有，所以恳请各位读者朋友在阅读时不要拘泥于一问一答，而是通过这些具体的问题，去触摸通往成长之路的那些方式，获得解决成长困惑的那些策略。

王维审

2024 年 10 月

何以为师

# 目 录

# 第一章

## 自我觉知：在接纳中看见自己

认识自己，方能看清人生。

相信自己，才能成就人生。

每一种性格都是命运馈赠的专属烙印，没有好坏之分，没有优劣之别，它终将陪伴着我们走过整个人生。悦纳自己，在不断的行走中寻找到专属的成长；相信自己，在持续的努力中赢得人生的认可。爱自己的样子，才有可能遇见更好的自己。

# 性格有"硬伤"能当好教师吗

## 成长之惑

我是一名准教师，马上就要参加工作了。我的性格比较内向，不太喜欢和别人交流，所以很多人都觉得我不适合做教师。有的时候，我也会有很强的自我怀疑，是不是像我这样性格有"硬伤"的人不适合做老师呢？

## 突围之道

首先要坚定地相信一点，人是可以慢慢走向完美的。教师的成长不仅体现在教学技能与育人能力的提升上，还表现在人格的完善、情感的丰盈以及理想的建设等方面。教师绝对不是只会付出的红烛，也不是以吐丝为生的春蚕，而是一个在工作中逐步获得发展、赢得成长的生命体。教师只有自我成长建设好了，才有可能为学生提供丰盈的教育，实现师生之间的彼此成就。

## 内向的人也可以做个好老师

我与这位教师一样，曾经也是一个性格内向的人，并且骨子里充满了自卑。我先说几件小事来说明一下自己内向的程度。

我生长在农村，就是北方那种家家户户紧邻相依的村子里。这种村落是熟人社会，村民彼此之间知根知底，谁家几个娃，哪个娃学习怎么样，是那些喜欢聚群闲聊的七大姑八大姨们永恒不变的话题。记得我读高一时有一次返校，我娘送我到大门口，恰好有一个邻居大婶经过，很惊奇地问："你家来亲戚了？"我娘装作生气地回她："这不是俺家你三侄子吗？"这个邻居大婶竟然不认得我，而她家与我家相隔不过四五户人家而已。这件事被村里人讲了好多年，在我参加工作多年后，回家时遇到那位邻居大婶，她依然会把这件事当作笑话讲给周围的人听。农村孩子往往都是一群群地合伙淘气，肯定会被村里人熟识。而我，因为不喜欢出门，放学后的时光都是自己待在家里度过的，所以村子里认识我的人并不多。

还有一件事也很能说明问题。我家兄弟姊妹多，年龄差距也比较大，我大哥结婚时我才读小学。我大哥结婚的当天，家里要来很多亲戚，自感无处可藏的我一大早就赶到了学校，以躲避热闹。到了吃午饭的时候，我从学校溜到家门口，看着人来人往的场面，我始终不敢进家，便又偷偷逃回了学校。饿了大半天肚子的我，实在忍不了饥饿的侵袭，自己一个人躲在教室里哭了半天。最终，我的班主任老师发现了我，问了半天问明白了——我在我大哥结婚那天饿哭了。我的班主任老师，按辈分我应该叫他三哥，去年见到他的时候，他还把这件事又讲了一遍。你看，你是不是还没有内向到这个程度呢？

我最初做老师的时候，也觉得自己不太适合教师职业。因为在很多人眼里，教师应该是那种口中滔滔不绝、为人处事面面俱到、人际交往能力超群的人。但一路走来，我有了新的感受，我觉得无论是做教师，还是其他职业，决定自己能否在一个领域做出成绩的，并不是一个人的性格是内向还是外向。众多的优秀教师中，不乏内向的人，不喜欢热闹，不善于交际，但并不影响他们成为受学生喜欢的老师。对于这个话题，我觉得有三个误区需要厘清。

其一，内向的人没有社交能力。对于大多数性格内向的人来说，他们真的很不喜欢社交，不喜欢跟陌生人打交道，因为那样会让自己觉得不舒服。但是不喜欢社交，并不代表不会社交，他们只是不愿意而已，他们完全有能力与人进行深度的沟通。比如说，有些内向的老师可能与同事关系一般，却能够和学生建立十分完美的关系，这是他们进行对比取舍的结果——成人的世界远不如青少年的世界纯净。在学生的世界里，他们更容易获得安全感和舒适感，学生也就成了他们的圈子，从而获得了良好的师生互动。

其二，内向的人思维迟钝且笨拙。很多人认为，那些性格内向的人看起来都比较迟钝，没有教师职业需要的机灵劲，所以不太适合教师职业。其实，性格内向的人，往往具备更敏感的观察分析能力，他们更容易集中精力去了解学生的世界，并及时给予恰当的引导和帮助。因为他们远离成人之间的觥筹交错，不在成人世界的关系圈里消耗精力，自然也就有更多的时间陪伴学生，悦纳自己。所以，内向的人看起来笨拙，只是因为他们把更多的精力用在了观察和分析上，从而少了表面上的圆滑，这恰恰是他们做教师的优势。

其三，内向的人不善于在公众场合表达。从我个人的经验来看，内向的人并不是面对谁都内向，内向的老师大都是在讲台上滔滔不绝，下了讲台后才变得内敛而沉默。我一直觉得讲台是个很神奇的地方，不善言辞的我只要一踏上去，马上就像变了个人似的。现在，我已经离开教室的讲台很多年，但是在教师培训的讲台上，我依然重复着前面的感觉。我现在去外地讲课，最头疼的并不是讲课本身，而是讲课之外的各种应酬。为什么会这样呢？我觉得，这可能源于专业的力量，站在讲台上，我就会因为自己的"专业知识"而自信满满，就会有一种强烈的表达欲。

我不知道我的感受你是否有共鸣，但我的经历至少可以证明：性格内向并不妨碍一个人成为一名优秀的教师，问题的关键在于自己是否有能力在学生面前"专业"起来。

## 不要过于在意别人的看法

性格的问题特别复杂，不是一两句话、几篇文章就可以说清楚的，我们还是以具体的案例来谈这个话题。

有个年轻教师说："今天有个老师打电话想和我调课，因为不想把两节连堂课分开，我就拒绝了。事后，我觉得很不得劲，便从钉钉上又发了消息给他，做了一些解释，但是他没回我。然后我就失眠了——因为那条已读但未回复的信息。我觉得自己特别敏感，会因为这种并不严重的事情失眠。我好像变得越来越脆弱，越来越在意别人的看法。我真的不知道是哪里出了问题。"

就这个事情，我想谈谈看法。

钉钉的信息"已读"显示功能，能够帮助我们确认信息的送达，这是设计者的初衷。与此同时，这个功能也会带来显而易见的"后遗症"——既然已经读了，就应该有回复。如此，便让阅读信息的人多了一重责任——读完信息，就要尽快回应一下，给个说法。这位老师失眠，就是因为对方明明已经读了信息，却没有进行回应，于是他就觉得对方不高兴了——因为自己不愿意和他调课。我觉得，他的不回应有两种可能性：一是他确实因被拒绝而不愿意回复；二是他觉得信息不需要回复，并且他没有回应他人信息的习惯。

前者涉及我后面要重点讲的内容，此处先略过。在我看来，他没有回复的原因，大概率是第二种可能。因为从这位老师发给对方的信息来看，内容主要是对"拒绝"原因的解释，这些内容他在拒绝时就已经口头讲了一遍，他不过是极不放心地又用文字表述了一遍。在对方看来，商讨的结果是不能调课，原因也已经讲清楚，自然也就无须再回应信息。他的"已读"，就是确认了两人的交流，这并不代表人家生气了，或者说有什么特别的看法。有时候，我也有类似的"疏忽"，我知道这样不好，但这个习惯确实不好改掉。

前面那些基于生活常识的说法，并不代表这位老师在事件中的表现不存在问题。我觉得，拒绝别人是一件很需要智慧的事情，值得我们去好好研究。坦率地讲，这位老师的"拒绝"有一些瑕疵，在以后的人际交往中需要进行改进。怎么改进呢？给一点建议：如果拒绝，你的理由一定要充分。如果你没有特别要紧的事，而又的确不愿意调课，可以巧妙地编造一个拒绝的理由——真的不巧，我也有一些事需要去处理，实在是没有办法跟你调课——这样他人会更容易接受。记住，这是善意的谎言，目的是解决问题。

　　这位老师已经在电话中拒绝别人，为什么要进一步去解释呢？可能他从内心里也觉得自己的理由有点弱——只是舍不得将自己的连堂课拆开。一个人打算和你调课，一定有他的理由，也一定是经过了一些思虑，感觉没有特殊情况你应该会答应他的请求。如果你给出的理由不可抗拒，那么被对方理解的概率就大了很多。反之，就会产生被别人误解的可能，甚至引发一些不必要的矛盾。这一点，可以在今后的沟通中有意识地尝试，以便寻找到更好的拒绝方式。

　　其实，于这位老师而言，太在意他人的看法才是最大的问题。他把自己定义为讨好型人格，我觉得问题没有那么严重。与其说是人格上的缺陷，倒不如说是源于不合理的信念——完美主义。为什么说"完美主义"是一种不合理的信念？因为没有人可以让所有人喜欢，没有事情可以做到让所有人满意。破解"完美主义"这一不合理信念，是一条漫长而又艰难的自我完善之路，不是单靠一两句话就能够说清楚的。但是，有两句话时时记在心里并坚持自我暗示，兴许会有一些效果。

　　第一句，我们没有想象中那么重要。在很多时候，我们之所以特别重视别人的看法，是因为我们把自己看得太重要了，总以为自己是别人的中心。而实际上，每个人都在忙碌自己的生活，并没有多少精力关注他人。举个例子，我刚入职时曾被学校安排到校办工厂洗编织袋，那时的我感觉特别丢人，以为别人肯定会在背后议论自己。然而后来与同事们聊起这段经历时，他们竟然惊讶地反问——你经历过这种事？我们不是世界的中心，更不是他人的生活重心，人家用不着花费心思来琢磨咱们。所以，我们没有想象中那么重要，你不跟他调课，他还可以跟别人调，他未必会对你的拒绝有情绪的停留。

　　第二句，我们只需要对自己负责就好。对自己负责不是自私自利，而是具有清晰界线感的表现。有时候，过于重视他人的看法是因为缺少良好的界线感，喜欢把别人的情绪担在自己身上，从而导致自己特别累，特别敏感。我们再回到他不回复的原因，即使他因为被拒绝而生气，自己也没有必要因此失眠。他和你调课，打乱你既有的教学计划，一定会给你带来影响，这是他应该要考虑的事情。你不愿意和他调课，既是你的权利，也是对自我工作秩序的守护，并没有对他人造成亏欠。所以，你无须承担心理压力，更没有必要自责。别人高不高兴都是别人的事，与咱们无关。

　　最后，我把张德芬教授的一句名言送给有类似困惑的老师：亲爱的，外面没有别人，只有你自己。

# 默默努力的老实人有机会成功吗

工作中经常见到一些"投机取巧"的人，他们的主要精力并不放在教育教学上，而是千方百计去经营和领导的关系，成为领导身边的红人。这样的人在工作上付出不多，但各种荣誉奖励却拿到手软，这让我心生愤懑。像我这样勤勤恳恳工作，收获却寥寥无几，每每想到这些我都会很伤心，感觉很不公平。难道默默努力的老实人一定要吃亏吗？我还要继续做老实人吗？

"老实人"的概念很难界定，只是一种粗略描述，所以不能作为教师群体的确认性概念。在现实中，的确有一些教师在业务能力建设上倾注了更多努力，在人际关系建设上略显欠缺，像这种类型的教师算不上我们所说的"老实人"，更应该归属于教师的主流群体——对于大多数教师来说，更关注的自然是教育教学，一般不会在人际关系上刻意为之。问题中提到的"老实人"，更多地指那些人际关系方面有缺陷，个人能力又不是特别突出的群体，集中呈现的优点就是特别能干、特别卖力。像这样的教师，不能一味地将问题归结于不善经营关系，而是要站在全人建设的角度去考量自己：是否存在不足？怎样可以变得更好？

## 努力让自己变得更好

这种现象的确存在，我也曾遭遇过，也曾伤心、怀疑，但随着岁月递增，我做到了坦然面对，对这种现象有了比较理性的理解。我想借着这个问题，谈谈我对这种现象的看法。

每个人都渴望成功，教师也不例外。获得学校领导的认可、信任和喜欢，是绝大多数教师追求的一种心理性成功；在评比考核活动中获得荣誉，是很多教师渴望的现实性成功；在获得心理性成功的基础上获得现实性成功，则是许多教师心目中比较完美的成功路径。所以，作为教师去追求荣誉本身没有问题，问题的关键在于，怎样去追求这些荣誉——是像投机者那样钻营取巧，还是如老实人般默默努力？

通常，我们会鄙弃投机者，认可老实人。其实，这涉及对投机者和老实人的界定问题。什么样的人算是投机者？我觉得只有那种纯粹依靠经营关系、善于钻营取巧的人才算是，这与一个人善不善于经营关系是两码事。善于经营关系是一个中性的行动，好与不好要看其附加在什么样的人身上。什么样的人算是老实人呢？我认为，老实的本意是本分、守规则，坚持自己内心认为正确的东西。所以真正的老实人并不是那种木讷、没有判断力的人，而是谨守规则且坚持自我的人，这样的人大多过于执着于自我，而缺乏能力经营人际关系，从而被他人归到"老实人"的行列。如此一分析，我们需要的生活方式应该是从投机者和老实人身上各取一些优点，做一个善于经营关系的老实人。

有和谐的人际关系，又有自己内心的坚守，这应该是比较理想的教师生活方式，也是我心目中老实人应该具备的两个关键品质。所以，我希望你继续做老实人，在经营好生活的同时，安静地为自己的坚守而努力。这样的老实人，通常不会像"投机者"那样用微小的付出赢得巨大的利益，也不会以很快的速度抵达现实的成功。但是，倘若能够一直这样坚持下去，总有一天，也可以收获成功——自己所希望的、干干净净的成功。

再说说另一个困惑——看到"投机者"不劳而获就心生厌烦。我觉得，这倒是大可不必，每个人都有自己的人生法则，都有自己独特的获得成功的手段与方式。在我看来，我们所希望的成功，就像人生中飞过的一只美丽蝴蝶，我们渴望拥有，所以想方设法去努力。而努力的方式有两个：一是拼命地去追求，甚至动用各式各样的工具，比如丝网、扫把之类的物品，只要不放弃终会将蝴蝶握在手中；一是用最好的自己来吸引，就是先忽略蝴蝶的存在，安静地去完善自己，用自己的美好将蝴蝶吸引到自己怀中。你选择第二种方式，那就安静地去做好了，不必去理会别人的选择。

坚定地做自己真的很难。一群人同时出发，当你选择了用脚来丈量，而有人搭了别人的汽车呼啸而过，你会感慨命运的不公，但总有人一出生就拥有我们所没有的背景和靠山；有人骑着自行车一闪而过，你会毫不保留地表达出自己的鄙夷与不屑，但总有人试图使用各种手段来破坏规则。你的感慨，你的愤懑，不仅会浪费你的精力和时间，也会破坏你内心的平静，让你无法心平气和地去做自己。所以，我的建议是，如果目标是远方的高山，那就别去在意路边的土丘。因为，最终能够对你的努力进行评判的，并不是当下的拥有和繁荣，而是时间和未来。你要做的，就是盯着远方，脚踏实地。最后，这个世界难道真的如此不公吗？我想说，这个世界公不公平不好断定，但可以肯定的是，时间永远是最公平的裁判，它可以让所有努力被看见，也会让所有不公平曝光。

你若芬芳，蝴蝶自来。心无旁骛地做自己，在自己身上下足功夫，努力让自己变得更好，让自己的人生闪亮而芬芳，那就一定可以吸引美丽的蝴蝶来到自己身边。

## 你当走向更为理想的你

最近刚刚读完《你当像鸟飞往你的山》这本书，在此我想借用这本书的书名来表达，那就是——老实人，你当走向更为理想的你。

我觉得，一个人想要实现自我改变，首先要改变的应该是内心，要有一颗愿意改变的心。而要获得"改变之心"，关键点主要有两个：一是要有改变的目标，即明确你想要的生活是怎样的，你对新的生活越渴望，获得改变的可能性也就越大；二是要有改变的决心，坚信自己可以从现在的世界走向另一个世界，你的决心越坚定，改变就会越彻底。这两点，我们可以从《你当像鸟飞往你的山》的作者塔拉·韦斯特弗身上得到一些启示。

要有改变的目标。塔拉·韦斯特弗的原生家庭给了她糟糕的成长环境：封闭的山村，反科学反现代化的宗教信仰，家庭暴力、大男子主义，没有合法的身份登记，大山和废料场是生活的全部……这一切为塔拉构建了一个严密且自洽的世界。如果不出意外，塔拉会像她的母亲一样成为没有资质的助产士，然后去重复母亲及身边女性的生活。一切的改变源于泰勒的一句话："是时候离开了，塔拉，你待得越久，离开的可能性就越小。"泰勒所说的"离开"，是指离开现有的生活，去上学，去寻找那个"看起来大不一样的世界"。我觉得，你也要离开现在的生活，去寻找那个大不一样的世界。

人平庸，大多是因为习惯了平庸。这种"习惯"由两种原因造成：一是不知道还有更好的，所以默认当下；二是知道还有更好的，但被当下的庸常所漫浸和同化。无论哪一种"习惯"，改变的前提都是拥有离开的决心，找到"大不一样的世界"，也就是发现值得去追求的新目标和新生活。对于教师来说，习惯平庸的原因应该是第二个。我们都知道这个世界上存在着更加美好的教育，都知道教师可以有更加美好的教育人生，却缺少精准与清晰的目标，以及离开熟悉环境的信心和勇气，这也就是我要谈的第二个话题。

要有改变的决心。塔拉在十七岁之前并没有上过学，没有接受过规范的学校教育，但她确定的目标是通过上大学来改变现在的生活。这听起来不可思议，但是她最终通过了大学的入学考试，进入了另一个世界，并被这个崭新的世界所接纳——2008 年获文学学士学位，2009 年获剑桥大学哲学硕士学位，2014 年获剑桥大学历史学博士学位。在这个过程中，塔拉克服了我们想象不到的困难：准备大学入学考试期间，她从不知道什么是数学到一点点了解、进入和掌握；进入大学以后，不断推翻自己十几年的认知，接纳崭新的观点和思维，直至最终成为新的生活方式的主人，充分融入那个"大不一样的世界"。如果没有强大的决心作为保障，这一切根本就不可能实现。

当踏上改变的旅途，每个人都要面对两个极大的挑战：一是精神上的自我否定，需要去怀疑甚至推翻已经刻入骨子里面的认知、思维、情感及世界观；二是现实中的自我放弃，需要去删除熟悉的人、熟悉的事、熟悉的方式、熟悉的规则，站到过去的对立面，成为自己的敌人。作为教师来说，已经习惯了没有压力的简单重复，抛却安逸去艰难跋涉真的需要下很大的决心。而重塑决心最好的方式，就是去看看他人的成功，以那些成功地从一个世界进入另一个世界的人为榜样，然后坚定地前行。

最后，我推荐《你当像鸟一样飞向你的山》这本书，读读它，你就会发现——所有的改变都可以发生，只要你愿意。

## 做更加强大且精致的优秀者

还有一种可能，你本身就已经是个优秀的教师，但身边总有一些人会给你制造麻烦，比如有意孤立你、刻意打击你这个"出头鸟"。这也是一些默默努力的老实人需要去面对的。

优秀的人为什么会招人嫉妒？可能大家都不喜欢"出头鸟"生活在自己身边。"出头鸟"通常用来形容敢于冲破传统束缚、超越集体水准的人，或者是敢于出头主持公道，敢于在公众缄口沉默时说出真相的人。从社会发展需求的角度来说，它是一个褒义词；从个人生存需要的角度来说，它又偏贬义一些，因为它往往与社会警戒俗语"枪打出头鸟"联系在一起来使用，更容易衍生出"随大流""多一事不如少一事""身稳嘴稳到处好安身"之类的生存法则。那么，"出头鸟"为什么容易被"枪打"呢？可能是因为个性太突出、处事太不圆润。也就是说，并不是所有的"出头鸟"都会被"枪打"，凡是被"枪打"的出头鸟一定存在着各种各样的不足，最常见的可能有两个：

强大得不够明显。如果同事把你当成"出头鸟"，说明你是一个工作特别卖力、成绩特别突出的优秀教师——因为只有优秀的人才会被看到、关注和羡慕，没有人会去嫉妒一个平庸之辈。但是，同事们又会有意地孤立你，说明你的优秀还不够突出。当你突出到距离他们足够远，他们对你就只能是仰视或者欣赏。举个简单的例子：两个年龄相仿的儿童，一个力气大一些，一个力气小一些，力气小的虽然承认力气大的"牛"一些，但是肯定会暗暗地不服气，倘若有很多力气小一些的聚在一起，就有可能会集合起来排斥、敌视那个力气大的儿童。但是，如果是一群力气小的儿童面对一个成年大力士，他们绝不会有丝毫的嫉妒，而全是满满的信服、崇拜和接纳，这就是绝对差距的威力。

远处才有风景。你在一楼被人看，你脸上的雀斑、黑痣将一览无余；你在十楼被人看，映入别人眼帘的或许就是曼妙的身材和飘逸的秀发。若想成为他人的风景，最好的方式就是尽力让自己足够强大，而不仅仅是超越一般水平。在水平还达不到被他人仰望之前，守住嘴，守住心，耐得住寂寞，不断地打磨自己，时间会给你一个华丽的转身。影视演员黄渤曾经在一次采访中说，当他成名后，所有人都开始叫他黄老师，所到之处都是笑脸。这验证了一个很朴素的道理，当你足够强大时，整个世界都会对你和颜悦色。

优秀得不够精致。有一些老师，他们工作兢兢业业，业绩也特别突出，自然得到领导的赏识。但是他们却常常得不到同事的认可，好像努力工作也是一种错误，表现突出也是一件坏事。这就是文章开头所说的"能干者被孤立"现象，也是为优秀教师群体所苦的普遍遭遇。其实，嫉妒身边优秀的人是一种正常的心理状态，几乎每个人都有类似的心理活动，只不过有的人可以靠自己的修养化解，不会表现在语言和行动上，慢慢纠正为认可和真心赞扬。但是俗话说，木秀于林，风必摧之。风为什么会摧"秀于林"的木？太过优秀的人，本就会让身边的人心生嫉妒，如果再不小心流露出某种彰显，可能就会让他人心态失衡。

真正的优秀者，懂得把握低调做人的原则，适当隐藏自己的锋芒，让身边的人感觉不到太大的威胁，从而让自己的优秀被认可、被接受。真正的优秀者，一般具备三个特质：一是有追求，执行力强；二是有韧性，意志力强；三是有情商，沟通力强。前两者，"出头鸟"们一般都具备，最后一点往往是其弱项，被"枪打"的原因也在这里。其实，情商本质上是一种好的情绪，是一种在好情绪的基础上产生更多有效连结的能力。高情商的人，往往善于把控自己的情绪，喜怒不形于色，让自己以及对方有舒适的交往体验。如果一个人欠缺情商，以"我是靠本事吃饭的人"自居，不屑于人情世故和沟通协调，这种优秀就是有瑕疵的优秀，或者说优秀得不够精致，需要不断加强情商方面的建设——这是我的切身感悟，也是我的短板。如果你也是如此，那么我们一起去完善和修正。

最后，需要特别强调的是，"出头鸟"是推动社会进步的重要力量，社会需要给予"出头鸟"真正的良性支持和报答，尽量减少"出头鸟"被"枪打"的风险，让"出头鸟"们将宝贵的精力、智慧和才情有效地用于专业创新，无须浪费时间去揣摩那些没用的"做人的学问"。当然，这属于社会建设的问题，不是我们个体所能左右和彻底改变的。在社会未建立有利于"出头鸟"生存的机制与秩序之前，就需要"出头鸟"们加强自我建设，做一个更加强大、更加精致的优秀者。

# 如何面对暂时不利的成长环境

## 成长之惑

我是学校的一名心理健康教育教师，在刚刚参加工作时，发誓要做最优秀的心理教师。但是，真正工作后，我觉得自己被边缘化了。我们学校的心理教师基本上就是摆设，除偶尔开几次课外，都在帮助学校干杂活，几乎每个科室都有工作丢给我，检查学生纪律，检查学校卫生，准备迎检材料，等等。再这样下去，我就会成为彻头彻尾的后勤人员，我的专业就会荒废了，我该怎么办呢？

## 突围之道

在成长的道路上，被边缘、被歧视、被压制都会多多少少地存在，区别只在于严重的程度不同。面对成长路上的绊脚石，教师应该持有怎样的态度？这是青年教师要上好的一课。我觉得，当身陷困境或不如意时，首先要学会接受现实、接纳不利，然后在不利的环境中去寻找方向；其次是善待压力和给予压力的人，善于将压力变成成长的动力。当然，这些努力的实现取决于有没有明确的理想，有没有强大的信念，以及突破困境的勇气。接下来，我以个人的经历为蓝本，谈谈面对不利时的心态和做法，希望能够带给年轻教师一点启示。

## 每个人都有一份迷茫要穿过

记得艾米莉·狄金森曾写过一首诗，诗的名字叫《我们有一份黑暗要忍受》。现实中，真正称得上"黑暗"的人生经历不会很多，但像这位老师所说的这些困扰和迷茫，的确会出现在每个人的生活里。那么，当遭遇这些人生之困时，我们应该如何应对呢？

2013 年，我在完成为期一年的支教任务后，被一纸调令从学校拎到了教研室。我之所以用"拎"这个字，是因为我并不愿意到教研室工作，这份"不愿意"有两个原因：一方面，我喜欢在学校工作，当时并没有离开学校的意愿，也从未想过自己会离开教学一线，内心多多少少有些排斥机关生活；另一方面，我的教育实践主要聚焦于德育工作，在班级管理和学生发展领域做的努力最多，似乎与教研室的工作并没有交集，我不知道自己到了教研室能做什么。几经交涉无果，我不得不到教研室报到。

当时，教研室共调入八个人，其他七个人的工作很明确——学科教研员，而我的工作就像来前预料的那样——干杂活。入职后我才知道，领导调我到教研室的原因是我会写文章，目的是让我做文字工作，俗称"写材料"，主要职责大致相当于宣传人员加文秘人员。而这两者是我最不喜欢的，那段时间，领导多次找我要我到教体局办公室或教研室办公室专职写材料，都被我明确拒绝：如果不能做专业的工作，我就申请回学校。几个来回后，我和领导都妥协了一步，工作定位为教科室的教科研员，兼做文字工作。在我的意识里，教科研员虽不像教研员专业性那么强，但毕竟比纯粹的文字工作要有点专业味道。

接下来，我想先介绍一下"教科室"的背景。县区一级的教科室原本与教研室属于两个独立的、职责不同的研究机构，一个侧重于教育科学研究与指导，一个主攻学科教学研究与指导。后来，因为职能具有关联性，在很多地方将两者进行了合并，教科室成为教研室的内设机构，工作职能也大为弱化，成为一个可有可无的边缘科室。在当时，我们的教科室并无专职人员，三位领导（一个主任，两个副主任）都是重点学科的专职教研员，兼职教科室工作。并且，教科室也没有独立的办公室，三位领导分别以教研员身份在自己的学段办公室办公，而我也被安排到初中学段的一个很大的办公室里办公。

事实上，教科室的工作的确比较简单，并且还很有规律。每年一次立项、两次结题，最重要的工作就是收课题申报材料，根本不需要特别的专业能力。所以，在刚开始的那段时间里，我虽然挂了个教科研员的名头，主要的任务还是做文字工作，无论是局里的材料还是教研室的材料，一声令下就要熬夜加班。一心想着在专业领域深耕的我，竟然做了最没有专业含量的工作，特别是看到一起来的同事已经在自己的专业领域做出了成绩，一股强烈的焦虑不时从心底冒出来——我的未来在哪里？身在他人屋檐下办公的漂泊感，更为这份焦虑添加了些悲哀。

时间愈久，焦虑愈重，我不得不开始寻求转变之路。我很清楚，学校肯定回不去了（这不是我能决定的），我只能去改变自己能够改变的——我自己。在那个时候，我对自己进行了追问：

教科研员的职责就仅仅是收课题申报材料吗？

——现实中很多人是这样。

我愿意做这样的教科研员吗？

——不愿意，走专业道路一直是我的愿望。

我为什么也成了只会收材料的教科研员了呢？

——沿袭他人的路，没想到去改变。

我想要成为什么样的教科研员？

——能带动教师走上科研道路的引领者。

我要从哪里开始做起？

——成为专业的研究者。

这样的追问让我明白了一点：平台可以帮助一个人顺畅地、天经地义地成为专业者——假如生活给了你踏进专业的平台，那是生活的馈赠；如果生活没有给你想要的平台，那就得自己把自己打造成专业者。比如，我很羡慕与我同来的七位同事，他们进入教研室这个平台，天然地就获得了专业的身份和事业。而我，需要自己去努力寻找。我决定先从科研做起，先让自己成长为会做科研的教师。于是，我从零做起，开始逼自己做研究、做课题。

从 2014 年开始，我先后有三项课题获得省规划办立项，逐渐成为课题研究的明白人。同时，借助三项规划课题对个人十八年的一线实践经验进行了提升和再造，提出了自己的教育理念，开展了系列研究，慢慢有了成熟的研究领域。更重要的是，当我的个人研究能力被认可，当大家都觉得我是个很有水平的研究者后，写材料之类的琐事就变得越来越少了。因为，领导和同事都觉得，你是做研究的人，不是收材料和写材料的人。这一点很重要，很多年轻教师在求变的道路上，往往会过多地去考虑时机、环境等坚硬的东西，很少会从自己身上寻找突破点。

回到文章开头的问题上来，在心理健康教育学科未得到行政力量高度关注的当下，学校不重视是常态。大多数心理教师也默认了自己的"打杂"身份，将自己定位为边缘学科的边缘人。如果一直这样走下去，心理教师永远改变不了被边缘的尴尬。那么，我们应该怎么办？我的建议是，先把自己的专业定义为重要学科，在学科教学上做出成绩，让学校领导看到心理学科带给学生的价值和意义。

最后，我想改写一下艾米莉·狄金森的那首诗的题目——每个人都有一份迷茫要穿过。穿过迷茫的方法很简单，把自己做强，直至刺透所有的阻碍。

## 感谢那些向我们弄出声响的人

除让自己的内心坚定以外，还要调整心态。面对那些"丢"给你杂活的人，我们应该以怎样的心态去应对、去理解呢？经常有老师向我抱怨，他们的年级主任"死脑筋"，在工作上特别较真。其他年级查老师的备课，一般就是看看数量够不够就行了，而这个年级主任却与众不同，不仅看数量，还要看是否实用，是否使用了，是否在使用后进一步修正了，是否进行了教学反思……很多人觉得这样的年级主任不断为老师制造麻烦，遇到这样的人很倒霉。

对此我并不认同，这些不断"制造麻烦"的人，制造的也许不是麻烦，关键在于你怎样看待。

　　最近，我遇到了这样一件事情：晚上十一点多，我看到了袁总编在微信上的留言，内容是再次催问书稿的进度。这已经是袁总编第三次催稿了，不同的是，这一次他将出版合同一起推送过来，并在上面约定好了具体的交稿时间，似乎有下达"最后通牒"的意思。其实，对于这个书稿我已数次委婉地表达了自己的困难，多多少少有些放弃的意思。没想到，还会收到他的"催稿函"，逼着我不得不慎重对待这件事情。

　　事情的起因是2021年7月份在《像教育家那样去追求》一书出版后，袁总编想要接着约我写下一本书稿。他从我的博客中找了几篇文章，内容是我对教育科研的一些思考，阅后他建议我写一本关于教育科研的书。因为喜欢科研，个人做过一些研究，也从事过科研管理工作，所以对科研有所思考，我一直就有写写教育科研的愿望。袁总编的建议，一下子让这一想法清晰起来，于是便和他进行了简单的交流，交换了一些基本的构想。在最后，袁总编建议尽快完成书稿，彼此也约了一个大概的时间，事情由此开始。

　　2021年11月，袁总编在微信上聊了关于科研的一些想法，在最后很委婉地问我：书稿进行到什么程度了？这是他第一次催稿，虽然看起来轻描淡写，却也让我心头一颤——四个月的时间，我手里竟然还只是7月份的那些规划，一种自责从心底慢慢升起。那个晚上，我大致回忆了四个月来的经历，找了找怠工的理由：7月份谈那本书稿后不久，母亲确诊，病情迅速恶化，也就是从那时起，我工作之外的时间几乎都用在了伺候母亲上，精力和体力都被严重消耗；9月份，母亲病故，彻底摧垮了我的精神，我几乎丧失了写作的能力和勇气，也是在那个期间我中断了坚持了二十多年的写作习惯——每天都要有文字"出生",最直接的证据就是连续三个星期没有提交"叙事者"团队的成长作业。

在此之后,每当被工作压得喘不过气来时,我就会有不交作业的想法,并且间歇性地出现过几次不交作业的情况。你看,坚持了二十多年的习惯,只要有了第一次的松动,就会有第二次、第三次,这或许就是所谓的破窗效应。

从咬着牙也要坚持,到找一个说得过去的理由就可以说服自己,二十多年形成的习惯就这样被突破;从因忙碌而偶尔不交作业,到稍有空闲开始看手机——给自己的理由就是太累了,稍稍放松下——这样的心态变化应该就是自我放弃的蔓延。自律是什么?就是不给自己放弃的机会。当一个人走在良好习惯的道路上时,最好的维护方式就是绝不允许自己放过自己。因为,惰性的口子一旦撕开,你得用万倍的努力去缝补。从自律开始决口那一刻,我始终处在自我弥补的努力之中,所以当袁总编第二次催稿时,我虽纠结但最终没有明确表示放弃,还是愿意给自己一个履行诺言的机会。其实,一个人一旦放弃了高质量的努力,再想回归会很难,因为舒适和万千个理由都会成为障碍。

袁总编的"最后通牒"来得正是时候,就在我开始为自己的"丧"而极度自责时,这份合同无疑成了醒酒的汤,让我在深夜里完成了一次彻底的清洗。凌晨一点三十分,我给袁总编回复信息:"袁老师,您好!我大概是晚上十一点多看到了您的信息,之所以到现在才回复,是因为我一直在纠结,在下决心。很感谢您一再地催稿,让我开始反思自己近一年来的生活状态,并有了回到过去的勇气。两个多小时的时间,我在接受合同与推掉合同之间徘徊,在深思熟虑之后决定接受这份合同。我觉得，您带给我的不是完成一本书的任务，而是摆脱当下正平庸着的自我的机会。我希望自己写出一本深受老师们喜欢的书，您对我的影响抵过一切，谢谢您!"

信息发出去以后，我关上了手机，怕自己会利用两分钟的撤回机会改变决定。我知道，在那一刻，我接受或放弃的不仅是一份合同，而是一种生活方式，或者说是生命存在的方式，这将影响着我未来的时光。我猜测，袁总编一定是在一次次的催稿中察觉到了我可能要做出的退缩，才会对着已经开始瞌睡的我不停地弄出声响。

其实，我说这么多是想告诉你，在行走的路上，总会有想要躺平的时刻，总需要有人时不时地弄出一些声响来警醒我们，他们都值得铭记。

## 别让狭隘限制了我们的理想

要想走出缠绕于当下的泥沼，最重要的还是要有理想。当一个人的志向像鸿鹄一样高远时，就不会在乎燕雀般的烦恼，这就是职业理想的意义。很多教师之所以会被暂时的不利所限制，就是因为缺少坚定的职业理想。那么，如何确立自己的职业理想呢?

我觉得，教师职业理想的确定不可能一蹴而就，它应该是一个逐渐完善的过程，需要不断地调整、修正和提升。下面，我想分享一下自己在不同职业发展期确立的职业理想，然后我们共同来探讨"寻找理想"需要注意或者遵循的一些"基本原则"。我的职业生涯，大概可以分为四个时期。

第一个时期是 1992 年到 1993 年，我在一所农村初中做临时代课教师。那个时候的教师被划分为很多个等级：一是正式在编的公办教师，属于教师群体的最高层级；二是在省里做过备案的民办教师，他们享有转成公办教师的机会，处于第二个层级；三是在县区一级做过备案的民办教师，他们虽然暂时没有转为公办教师的机会（后来也全部转为公办教师），但毕竟正式做过备案，他们属于第三个层级；四是学校临时找来代课的教师，既不备案也无名分，处于最低的一个层级——我就属于这一层级。很显然，这样的一种层级划分，必然导致像我这样的临时代课教师会在待遇、身份和情感等方面遭遇不公平，时时会被周围的环境刺痛。所以，在那个时期，我的职业理想就是成为公办教师，进入教师群体的最高层级。

第二个时期是1995年到2005年，我在接受了两年师范专科教育后被分配到一所乡镇初中，成为一名公办教师，这段时期也是我努力走向"霸主地位"的跋涉期。刚到学校报到时，我就听说学校里有三位很有名的老师，他们的教学成绩在本学科遥遥领先，班级管理在年级独占鳌头，受到同事的羡慕、家长的赞誉和领导的欣赏。像这样的教师，每所学校都有，他们是本校教师群体中的佼佼者，通常会被称为"霸主教师"，拥有绝对的权威，受到众人的崇拜。因为不善与人沟通，加上时任学校领导的歧视，在参加工作后的两年内我没有真正站上讲台，而是在校办工厂、薄弱学校之间兜兜转转，虚度了很多光阴。那时候，我最渴望站在属于自己的讲台上，然后成长为他们那样的"霸主教师"。

1997年，我接手了新班级，拥有了自己的班级和课堂。1999年，这个薄弱班级在中考中取得超出所有人预料的成绩，让我一下子从被看不起的老师变成了"能人"，逐渐在学校里站住了脚。1999年到

2002 年，完整带完一届学生，骄人的中考成绩更是帮助我往"霸主"的方向更近了一步。此后，2005 年，我所带的班级有 35 人突破了当年的重点高中分数线，创造了农村学校中考神话。可以说，在别人的眼里，我似乎已经成为"霸主教师"。

第三个时期是 2006 年到 2012 年，我开始反思我的教育，也开始思考未来。这一切源于一件小事的发生：那年春节期间，学生组织聚会，当我赶到现场时，原本热热闹闹的大厅一下子变得鸦雀无声。后来，班长小心翼翼地告诉我，同学们依然怕您。一个"怕"字，概括了"霸主"获得的根基——严苛至近乎疯狂的班级管理。

我慢慢意识到，任何依靠比拼而来的东西，最终都会消散。更何况，我的教育成绩的获得，掺杂了太多的冷酷、强压和威吓，根本就谈不上成功，更不要说"霸主"了。那个时候，我想得最多的就是两个问题：一是争夺分数和名次是我真正想要的吗？二是怎样的教育才是真正的教育，自己如何做出特色？经过反复思考和追问，我有了新的职业理想，那就是做有特色的教师，找到属于我的标签。

第四个时期是从 2013 年开始的，至今我依然在努力。当我把追求"特色"作为自己的理想之后，在相当长的时间里我一直在梳理自己前期的教育实践，做深入、系统的叙事研究，提出了叙事教育的理念。进入第四个时期以后，我对成长和成功的认识有了更新，从对特色、影响力等的关注，逐渐转向对自己内心的尊重。在这个时期，我所做的一切不再是为了具体的利益，眼前的得失，而是为了让自己更踏实、丰富和满足。我把这个理想称为"自由教师"——为教育而教育，为成长而成长。

你看，我的这四个时期基本可以分成两个大的阶段：在前两个阶段，我的理想具体而现实，大多是生活困境诱发而来，基本不包含规划、考量和评估等必要的支撑；第三个阶段，基于现实而来，但有了自己的思考和简单的规划；第四个阶段突破了原有的桎梏和瓶颈，寻找到了值得终生追求的教育理想。由此可见，理想的确需要一个必要的开阔地带，视野越宽、积淀越厚、思虑越久，理想也就越精准。

在我看来，理想的寻找没多少经验可谈，但有一句话可以共勉：千万别让狭隘限制了我们的理想。

# 如何在"至暗"时刻重拾成长勇气

## 成长之惑

我是一个入职七年的老师，正处在不老不少的尴尬时期。我越来越觉得，教育是件痛苦的事情，我时时会遇到让我欲罢不能、进退维谷、惶恐不安的成长危机。比如，不被家长信任、遭遇不公平的评价、人际关系紧张等。我该如何面对这些问题呢？

## 突围之道

任何一种职业都会遭遇发展的瓶颈，在专业发展的道路上也一定会遇到所谓的"至暗"时刻。当我们感到力不从心时，如何恢复自我效能感；当我们即将失去职业认同时，如何清除教师最深层、最核心的恐惧；当我们遭遇职业生涯瓶颈，如何在焦虑与恐惧中坚定成长……这些都是年轻教师必须要面对的。

## 没试过，你怎么知道自己不行呢

前面提到过，入职乡镇初中后的两年内，我没有站在自己的课堂上，就像补丁一样被安排在校办工厂、学校后勤的各种岗位上。直到有一天，学校的一位班主任被班里的学生殴打，伤心之余辞掉了班主任工作，这个班级很乱，没有老师愿意接手，于是我便被学校从"闲杂人等"中找出来，做了这个班的班主任，也顺便接了原班主任的课——数学。需要讲清楚的是，我正是因为数学成绩不好，高中时才选择了读文科。现在，我这个最害怕数学课的人却要担负起初中数学的教学工作，并且是从八年级开始。八年级的数学，已经有了相当的难度，这令我十分恐惧。

上课的时候，我大多是依靠课本来支撑，离开了课本就觉得心里发慌。课堂上讲的内容基本就是课本知识复述，巩固练习题都是带有答案的——唯恐自己不会解答。很明显，学生看出了我的不自信，他们开始肆意挑衅我：有时候，他们会把我的教案和教材藏起来，然后哄笑着让我"脱稿讲课"；有时候他们会故意找一些特别难的数学题，当众向我请教解题方法，然后一脸坏笑地看着我"脸红脖子粗"……当一个教师在课堂上失去专业底气的时候，在班级管理上也就很难服众。

接班之前，有老教师给我支招，"下狠心、出狠招、做狠事"，要在气势上压住这些问题学生。遵循这个原则，我制定了严苛的班级管理制度，对学生进行"全天候"监控式管理。对于那些违反了规则的学生，我更是大声斥责，总感觉声音越大气势越高。有一次，一个特别顽劣的学生在半天内接连犯了三个错误——上课迟到、打架被扣分、课上恶作剧，我理所当然地对他进行了狂轰滥炸式的教训。他慢慢地低下了头，好像意识到自己确实做得有些过分，我顺势进行了更为猛烈的"教育"。正当我口若悬河、滔滔不绝时，他猛地抬起头冲我喊道："有本事你在数学课上也这么能说呀！上数学课的时候咋没这么大本事了？干啥啥不行，凶人第一名！"

全班同学哄堂大笑，看着我涨红的脸，同学们的"狂笑"慢慢变成了捂嘴窃笑，但"干啥啥不行，凶人第一名"给我带来的羞愧感却越来越强烈。我不知道那节课是怎么结束的，我又是如何灰溜溜地逃离了教室，只记得那天我一夜未眠，对自己来了一次彻彻底底的追问。

对现状的追问：我能教好数学吗？不能。为什么不能？因为我是文科生，数学并不好。数学不好就教不好数学吗？应该是。我有没有做过教好数学的努力？没有。为什么没有去努力？因为我觉得教不好。当自己的数学课受到质疑时心里怎么想的？恨自己数学基础不好，没法胜任数学教学。那为什么不去试着做些改变？觉得教不好是必然的，因为基础太差。这样一追问，我忽然明白了自己教不好数学的原因——先入为主地自我设限，坚定地认为自己教不好数学是正常的，是人生的遗憾但不是错误。

对未来可能的追问：我能教好数学吗？能。为什么能？师不必贤于弟子。为什么"师不必贤于弟子"？教师的优秀不在于知识储备的多寡，而在于能否将知识科学地、生动地、高效地传授给学生。教师职业的本质是什么？教的艺术，育的智慧。我现在需要去做的是什么？在数学知识与学生学习之间架起贯通的桥梁，用学生喜欢的、听得懂的语言讲数学。怎么才能掌握这些方法？学习，向老教师学习，向书籍学习，向学生学习。这个追问让我明晰了自己应该马上要去做的事情——试着去学习教学的智慧。

第二天，我向全班同学坦白了自己曾经竭力掩盖的自卑，并坦言会和他们一起面对数学这个难题。从那天开始，我坚持去听老教师的课，看他们怎样用通俗易懂的语言向学生传授晦涩的数学知识；我坚持阅读专业的数学杂志，看名师们解读课堂教学的奥秘与智慧；我坚持向自己的学生学习，让学生站出来讲题，去理解他们的语言表达习惯……心中的石头一旦放下，身心都会变得轻松惬意，曾经以为迈不过去的大山，也就成了魅力无限的过山车——既可以享受抵达巅峰的快乐，也能安享身在低处的宁静。一个学期的时间，期末考试成绩和学生对数学课的喜欢双双证明了一个事实——我也能够教好数学。

人只有被刺痛才有挣扎的可能，从这个意义上来说，疼痛是有价值的，它或许就是我们迈开脚步的起点。你都没有去试过，怎么知道自己不行呢？当我们与巨大的尴尬、苦痛、失败等不期而遇时，唯一不能放弃的就是改变的努力。

## 绕过去，是突破块垒的最好选择

职称，算得上是教师群体公共的痛。

跟大多数人一样，我开始被迫面对职称问题。为什么说是"被迫"呢？我本无意在职称上专门追求，可当身边的同事一个个开始为职称而忙活起来，特别是看到和自己一起入职的同事慢慢都评上高一级职称时，职称问题就生硬地嵌入了我的生活——没办法不动心，没办法不焦虑。站在讲台上讲课时，不再是单纯地带着学生遨游知识海洋，不由自主地掺杂了对考试成绩的期待；带领学生参加学校文娱活动时，不再是简单地让学生得到放松和快乐，慢慢开始考虑要在比赛中拿到怎样的名次。如此，职称打破了因纯粹而清净的教育生活，成为扰乱情绪的沙丁鱼。现在想来，一个人之所以会对某种事物产生向往，变得焦躁不安，大多时候并不在于事物本身，而是周围人的裹挟或者是带动。

幸运的是，当自己对照职称文件梳理工作以来的"战果"时，发现自己竟然收获颇丰，职称晋升需要的优质课比赛证书、教学质量奖励证书等一应俱全。于是，我带着满满的自负参加了中级职称评审，然而结果出乎所有人预料——我落选了。看着那些证书比我少很多的人都顺利评上了职称，一种被不公平对待的情绪困扰了我很多天。时间慢慢磨灭了愤懑，我开始期待第二年的评审，然后又一次落选。第三次申报，依然落选。直到第四年，学校分管职称申报的换了一位副校长，经验丰富的他帮我分析了原因——我的任教学科与教师资格证不匹配。简单地说，我这个历史教育专业毕业的人，不能任教初中数学学科，因为这两个学科分属于大文科与大理科（这是当年的规定，现在已没有此类限制）。当我听到这个原因时，心情差到了极点，比落选要痛苦得多。当你知道自己失败的原因并不在于自己时，那种痛苦无法描述。

虽然在这位校长的指导下，我把带有学科标识的证书都从申报材料中拿出来，再次申报时顺利通过了职称评审，但现实的困扰和对未来的担忧让我陷入了迷茫：职称申报失败的原因竟然是任教学科的问题——我也想教历史，但是学校非让我教数学——教数学不是我的选择，无辜的我却承担了落选的恶果——我必须改教历史学科——几经努力，始终改不到历史学科——我还要继续承担自毁前途的数学学科教学任务——我的职业生涯没有未来——这不是我的原因……如此循环往复，愤怒、悲观甚至绝望的情绪占据了内心。在这种情绪主导下，做什么事情都觉得是无用之功。

周末回老家，帮父母漫灌犁翻过的菜畦，水管里的水喷涌而出，在阳光下熠熠生辉。我半眯着眼，看着水流缓缓绕过土块，包围、浸湿、瓦解，原本坚挺的硕大土块在水的包围下慢慢坍塌，并迅速与水融为一体。我豁然明白，在遇到生活的死结时，先绕过去再寻找出路，才是最理想的选择。我重新续写了自己的逻辑：改教数学的愿望无法实现——暂时绕过职称这个人生块垒——用写作带来的成就感消融职称问题的遗留情绪——在表达经验、解释教育中获得超越具体利益的幸福感——为学生和自己的真实成长而欣慰。当一个人不再纠缠于具体的、无法改变的问题时，才有可能找到新的方向和路径，而绕过去无疑是突破块垒的最好选择。

这段经历让我明白了一个道理：当至暗时刻来临时，我们要做的应该是接纳、寻变、消融和敞开。接纳就是像水一样依势而行，遇到土坑就选择溢满，碰到土块就选择绕行。接纳是寻变的基础，只有接纳了，才不会因自我折磨而选择自我断送或毁灭。而只有放弃了执念，才有可能去寻找新的着陆点、幸福点与人生的拐点。人一旦出发，就会有新的遇见、新的鼓舞和新的可能，这些会将曾经的块垒消融，带你回到微波荡漾的水面。敞开更容易理解，接纳了、改变了、消融了，心就平静了，视野就开阔了，人生也就敞开了。

## 要善于直面每一份"被刺痛"

记得有一年我参加了山东省乡村教师读书研讨会，并在会上做了主题分享。还有两位"叙事者"成员参加了分享，戴冬茜老师便是其中之一。戴老师是一位年轻的乡村教师，她的分享引发了参会者的普遍共鸣，其对职业认知的转变，也给我留下了十分深刻的印象。

特别是她工作"前三年"与"后三年"职业生活的变化，更是值得我们去思考：教师成长最关键的因素是什么？

入职后的前三年，戴老师像身边的同事一样，忙忙碌碌地应付着烦琐的工作，三年过去，除了一天天度过的日子，似乎没有留下任何可以证明自己存在过的痕迹。有一天，她到城里的学校参加教研活动，观摩了一节公开课，讲课的老师身着薄薄的冬衣，化着适宜的淡妆，操着标准的普通话，熟练地使用着多媒体设备，整堂课美妙而让人回味无穷……她一下子惊呆了，原来当老师可以这么光彩照人。当听说这位讲课的老师和她是同一年参加工作时，她不禁开始对照自己：厚重的棉衣和棉鞋裹着慵懒的身体，很久没有打理过的头发越发让自己显得没有精神，每天手忙脚乱地应付着乱哄哄的课堂……一瞬间，她觉得自己和那位老师简直是两个世界的人。也就在那一刻，久违的一种挣扎慢慢从心底升起——她行，我为什么不行？于是，她有了改变的愿望，强烈而又真挚。

在接下来的三年里，戴老师以读写为支点，不断撬动自己的成长。工作之余，她坚持读书和写作：通过阅读，她看到了面对同一件事情他人的精彩做法，找到了自己的不足甚至错误，也慢慢学会了用智慧艺术地来处理工作中的事情，而不是像以前那样敷衍塞责；通过写作，她把自己的小创新、小思考、小收获及时记录下来，在反思中走向越来越精致的自己，还收获了诸如"文章发表"之类的意外馈赠。就这样，她的课上得越来越好，工作也越来越顺手，受到学生的喜欢，她慢慢走向了自己希望的样子。这三年中，她的成长和收获远远超出了自己的预想，获得了各种各样的荣誉，成为市一级的优秀教师。最重要的是，这些收获和荣誉并不是她刻意为之的结果，而是专注成长的意外所得。

很明显，戴老师的转变源自那次教研活动，源自另一位年轻老师带给她的触动，以及接踵而来的自我否定、自我推翻和自我醒悟。按照戴老师的说法，如果没有在那次教研活动中见到同龄人的优秀，自己根本就不知道还有那样一种精致的教育生活存在，自然也就不会有后期的改变。由此，我们可以看到，有时候教师对自己的平庸是不自知的，需要一个关键事件或者关键人物来触发，然后在自我审视中发现过往的不足，从而下定改变的决心，并付出持久的努力。很多年前，我在文章中曾说过，人只有被刺痛，才有挣扎的可能。现在看来，这句话同样适用于教师的成长——被刺痛，才有成长的可能。

那么，怎么样才能捕捉到有益的"刺痛"并为自己所用呢？

**主动寻找触发源。**所谓的触发源，就是指能够让自己幡然醒悟的人或事。触发源带来的行动力有强有弱，这就需要我们努力去寻找能够深刻影响、改变自己的参照物。从人性的角度来说，能够制造出强大刺激的人，往往是自己熟悉的、水平相当的、原本在同一起跑线的"同行者"。就像戴老师，那位讲示范课的老师是与她同一年参加工作的，这就更加容易引发对比，带来震撼——同样工作三年，为什么她那么优秀，我这么不堪呢？对比产生了，触动就引发了，触发源也就确立了。假如戴老师看到的是一位工作十多年的优秀教师，她也许会产生羡慕之情，但未必能够触发改变之心。诸如"毕竟人家与咱不是同一个层次的人"之类的想法，会让很多人错失改变的机会。所以，一个人想要进步，很有必要离开熟悉的舒适区，去了解一下自己的同学、曾经的同事，看看他们的优秀，品味他们的辉煌，从而激发自己的改变愿望。

刻意制造压迫感。人在什么时候挣扎的力量最大？压迫感最强的时候。人所遭受的压迫分量与挣扎的力量是成正比的，压迫感越强，挣扎的愿望也就越大。人都有自我满足的倾向，严重的可能会发展成"阿Q精神"。比如说，当我们看到一个优秀的人时，一般会很快唤醒内心的防御感，习惯性地搜寻自己的优势，尽全力去缩小与优秀之人的差距，以期获得满足和安慰。当感觉自己实在无法与优秀者相提并论，滋生出"人家的成功都是偶然""自己的失败都是天意""老子不屑与你们比"之类的想法时，说明已经沦落到"阿Q"的边缘了。不愿意承认差距，总是为自己的不足找理由，这是一个人不能获得改变的基础原因，也就是根子上的原因。其实，像戴老师那样坦荡地承认自己的不足，正视自己与他人的差距，这是一个人奋起直追的起点。所谓的知耻而后勇，大概就是这个意思。看到了差距，感受到了耻辱，就会产生压迫感，有了压迫感也就有了行走的动力。当一个人处于自我满足状态时，刻意制造一些压迫感，未必是一件坏事，也许这是打破停滞的最佳契机。

培育新的生长点。实践中，有些老师被刺痛之后的确有了改变的动力和行动，但因为没有确定好方向、定位好目标，从而成了无的之矢，最终也不可能射中成功的靶子。当一个人愿意选择与"过去"告别时，接下来最重要的就是找到新的、适合自己的生长点。我们经常见到年轻教师在"痛定思痛"之后，过不了多久重新回到老路上奔波。告别的最好方式是走向更加有意义的事情，也就是找到自我突破的关键点。就像戴老师，她定位的成长点就是读写，借助读写的方式将实践成果及时进行梳理，既实现了对自我的观照，也有机会把自己展现给他人。可以说，阅读和写作就是她的成长点，如果没有它们，即使戴老师再努力，也未必能够那么快就被发现、被点亮。选择改变起于被刺痛，坚持于不断的自我加压，而走向未来需要的是新的发现、新的路径、新的平台。

其实，教师的成长起点未必都是被刺痛，还有被鼓励、被推动、被引领等，这些都可成为教师成长的关键拐点。我想提醒老师们的是，当成长的拐点来临，我们要敏捷地抓住，勇敢地走进，长久地坚持，以最大的善意成全。

# 第二章

## 自我改进：在行动中提升自己

　　著名作家杨绛说："人生一世，需有三个自觉，无非是认识自己，洗练自己，自觉自愿地改造自己。"

　　真正让我们陷入迷茫的，往往并不是职业的根本问题，而是那些琐碎而具体的细节。那么，所有的自我改进都需要从细节处开始，在解决一个个具体的问题中得以实现，最终完成对自己的升级改造。

# 怎样看待那些"有问题"的学生

## 成长之惑

我是一个一年级的班主任，我的班里有一个特殊孩子，上课完全不听老师的话，随时都会站起来满教室溜达，无论怎样哄劝吼都不管用。他完全生活在自己的世界里，根本不在意周围的环境。作为班主任，我竭尽全力，把能够抽出来的时间都用在了他的身上。他父母带孩子去医院做过检查，市里医院鉴定结果是孤独症。学校建议孩子父母以孩子身心健康为重，带孩子去做系统治疗，家长却觉得这不是什么大事，执意让孩子继续留在班里。作为老师，我想帮却帮不到他，一种强烈的无能感充斥心间，我不知道应该怎么办。

## 突围之道

在具体的教育实践中，教师难免会遇到一些特殊学生，虽然不都像这位老师遇到的孩子这样严重，更多时候是一些"有一般问题"的学生，但这些学生通常会给教育工作带来麻烦和困难，如何对待他们是一个值得探究的课题。

## 有问题的孩子更像一块磨刀石

我经常会收到类似的留言，讲的大都是一些特殊孩子的管理问题。所不同的是，那些留言里充斥的大多是抱怨和愤怒，抱怨家长的"不明事理"，愤怒于孩子的"所作所为"。而在上述留言里，我读到的是善良的心地和真挚的师爱，这样的老师，值得尊敬。

现在，咱们回到问题上来，谈谈我对这件事情的看法。我觉得，要想解决这件事情，至少需要弄清楚两个问题。一是这个孩子是否适合继续留在班里？这是一个专业判断的问题，涉及下一步要如何跟孩子的父母进行沟通。二是我们可以为孩子做些什么？这是一个专业行动的问题，决定了要以什么样的方式来走向孩子。

第一个问题，这个孩子是否适合继续留在班里？

严格来说，咱们都不是专业的医生，对这个孩子无法确切进行评估。但是，从描述中可以看出来，他的确是个"特殊"的孩子，并且属于比较严重的"特殊"。无论是市里医院诊断的孤独症，还是省会城市诊断的发育迟缓，无疑都说明这个孩子存在发育障碍，并且还比较严重，已经与普通的孩子有了很明显的差异。从理论上来说，这样的孩子应该去特殊教育学校接受专业教育，这样更有利于孩子的成长和发展。但是，我们的特殊教育事业还不成熟，目前仅能满足特别严重的特殊孩子接受专业教育，这个孩子显然到不了那个程度。更重要的是，学生家长并不愿意让孩子进特殊教育学校，这也是特殊孩子家长的普遍心态，他们不愿意承认自己的孩子是特殊孩子。

特殊教育学校学位紧张，再加上家长对特殊教育天然带有的偏见，导致像这种可"这样"也可"那样"的孩子，通常会选择留在普通学校。如此一来，普通学校就不可避免地要接收一些特殊的孩子。所以，这个孩子的家长选择让孩子留在班里，也可以理解。但理解并不意味着一定要留下，我建议和孩子的父母再认真地沟通一下，让他们找找权威的医院给孩子的症状定性，让专业的医生来判断孩子是否适合继续留在班里。专业的事情交给专业的人去做，这也是我们教师必须具备的专业认知，任何凭外行经验替家长做出决定或者给出建议的做法，都是专业性缺失的表现。我们需要做的就是做好心理准备——孩子留下，我们欢迎；孩子离开，我们欢送。

第二个问题，我们可以为孩子做些什么？

很明显，这个孩子是不幸的，他的父母更是承受着巨大的压力和痛苦，他们都需要我们的帮助。我们要冷静而专业地面对孩子，还有他们的家长。我们能够做的，大概有这么两种可能：一是接纳，如果医生判断孩子可以留在班里，并且家长也愿意让孩子留下，那么我们要以比纯净水更纯净的情感来接纳他；二是祝福，如果医生判断孩子不适合留在班里，需要去治疗或者进入专业机构接受教育，那么我们就祝福，利用在校的最后时间让孩子感受到班级的温暖。就这两种情况而言，前者需要我们去做很多事情，后者则简单得多，所以我们需要具体探讨的是前者。

若孩子选择了留下，无疑会给班级工作带来巨大的挑战，也会对班主任的专业能力提出更高的要求。我觉得，此时班主任需要做的至少有这么三点：一是寻求支持，向学校寻求政策上的支持，向班级任课教师寻求理念上的支持，向班级学生寻求行动上的支持；二是取得共识，就是和孩子的父母达成多维度的共识，比如相互之间如何配合，家长需要做什么，老师需要做什么，形成一切为了孩子的合作基础；三是自我提升，意思是说班主任要以此为契机加强相关知识的学习，通过专业书籍或者专业医生了解此类孩子的教育策略，让自己逐渐了解、熟悉、掌握特殊孩子的特殊教育常识。最后一点特别重要，新时代的优秀教师必须具备处理复杂教育问题的能力，很多优秀的心理教师往往就是为了帮助自己的学生解决心理困惑而开始接触心理学，慢慢走上了心理学研究的道路。我们未必要成为所有领域的专业人士，但一定要对教育相关的专业领域有所了解，这是新时代对教师的新要求。

另外，我觉得可以去写写这个孩子，详细记录并思考这个孩子带给班级管理的诸多问题，不仅对我们理解和接受孩子有益，对我们自身的成长也有所帮助。写一写你见到了什么，思考一下可以怎么去做，必要时去查阅相关资料或请教专业人士，形成独特的教育方案，这本身就是我所倡导的教育叙事，坚持写下去，一定有用。只不过，鉴于这个孩子的特殊性，这种写作不宜公开发表，建议留作个人研究使用。

最后，我想说的是，所有的锋利都是在磨刀石上历练而成，而这样的孩子就像一块磨刀石，虽然会让你比别人多遭受一些折磨，但也一定会让你收获更多，比如能力的增长、知识的丰富、经验的成熟等。

## 一定要善于使用接纳性语言

实事求是地说，在普通学校遇到特殊学生的情况毕竟还是少，大多数时候，我们遇到的是难以管理的学生。

前几天就有位老师给我留言："我发现，现在的学生真是越来越难管了。有个学生迟到了，我只是简单批评了几句，然后要求他以后要按时到校。没想到，他不仅没有承认错误的意思，反而表现出明显的不满意情绪，在座位上摔摔打打，一副玩世不恭的样子。"班级管理中这种现象并不鲜见，学生不愿意听老师的话，把老师的话当耳旁风，为什么会出现这种情况呢？

我想，这主要是因为老师和学生之间的沟通出现了问题，甚至可以说是师生之间的关系出了问题。这个问题我很长时间都没有去梳理，找不到好的切入点，千头万绪的师生关系，让我不知从何说起。幸好，我们团队共读了《父母效能训练》这本家庭教育著作，里面关于亲子关系的实践策略和建议给了我很多启示。这本书里可以借鉴的观点有很多，我先谈其中一个话题——接纳性语言。

接纳性语言是这本书第三章的主题，章节标题是《如何听，孩子才会说——接纳性语言》。很明显，这是亲子沟通的开始，意在告诉父母用怎样的沟通方式才能让孩子敞开心扉，帮助亲子双方开展正常的互动交流。我觉得，师生关系也是这样，只有老师的表达方式被学生接受，学生愿意把自己的内心世界呈现给老师，师生关系才有可能获得建设性的改变。所以，我认为师生关系中教师负有主动建设关系的先天责任，应该学会用自己的"说"诱发学生的"说"，也就是给学生以"真心"，换取学生的"实意"。

那么，教师应该怎么"说"呢？那就要善用接纳性语言。在这本书里，作者没有明确地告诉我们什么是接纳性语言，而是使用大量篇幅介绍了接纳性语言的力量。为了更好地说明问题，我试着解释一下接纳性语言。所谓接纳性语言，就是尊重对方、肯定对方的一种话语方式。简单地说，就是双方在进行沟通时，要先接纳（尊重）对方，然后再进一步交流。

回到前面的问题，学生之所以不愿意接受老师的批评，可能是因为老师直接否定了他，让他感觉不到接纳，从而产生了不接受所有建议的情绪。也就是我们经常说的，交流的通道被堵死了。我来猜测一下，当时的对话可能是这样的——又迟到了，是不是晚上又熬夜玩游戏导致起晚了？类似的表达，会让学生感到老师先入为主地认为错误在他，不信任他，不认可他，抵触甚至抵抗的情绪就会"油然而生"。那么，接下来无论老师说什么，他都不会从内心里去思考和接受，沟通自然也就"戛然而止"。假如，先接纳他，然后再给出建议，或许他就可以接受了。比如，可以这样说——你一定是遇到了什么突发状况，先去上课，下课咱们再聊……这样，学生就可以感受到信任和尊重，有了被接纳的愉悦感，可能他会主动说明原因，甚至会自己提出改进的方法。我觉得，后者就是接纳性语言。

接下来的问题自然就是如何使用接纳性语言了。书中对于使用方法介绍得很专业，也很细致，我想分享的是其中的两个基本环节，也可以说是两个关键步骤：一是发自内心地接纳他人，二是准确而及时地表达自己的接纳。前者是说，使用接纳性语言不是表演，要从内心真正接纳对方；后者是说，你不仅要接纳对方，还要善于精准地表达，让对方感受到你的接纳——这是重点，也是难点。

为什么要发自内心地接纳对方？这是因为同样的语言，说出来的背景和目的不同，带来的结果也就大相径庭。比如，同样一句"你来说说，最近发生了什么事情？"抱着批评心态的人来说，可能是为"定罪"寻找依据的开头语，接下来学生所说的话都会被理解为"呈堂证供"；抱着接纳心态的人来说，则有可能是给学生自主解决问题的机会，引导学生在"自述"中自我发现、自我反思，并进行有效的自我修正。所以，语言是外在的标识，真正的接纳性语言一定来自完全接纳的人。如果一个教师十分讨厌某个学生，就很难发自内心地表达对学生的接纳。

至于怎样表达自己的接纳，书中的很多技巧和策略比较实用，比如不加干涉、被动倾听等非言语交流方式。这样的交流看似无为，实则大有作为，有点什么也不说就可以理解的意思。至于言语交流就深奥得多，需要一定的学习和修炼，特别是心理学的知识。这些，我肯定无法在这样一篇短文中表达清楚，建议你读读《父母效能训练》这本书，然后由此去阅读更多关于沟通的作品，慢慢提高自己的交流能力。作为教师，沟通能力是第一位的，没有好的沟通，就不可能产生好的教育。

我给你的建议是，多从学生的视角看待问题，多一些换位思考，试着理解、信任、接纳自己的学生，然后就有可能有好的交流，也就会形成好的师生关系。

关系好了，教育也就好了。

# 怎样对待不完美的"好学生"

我是一名从事班主任工作仅三年的初中教师，在我的认知中，学习成绩好的学生往往也会有好的行为习惯，在学习和日常表现两个方面都是班级同学的表率。但在我的班级里，出现了学习成绩拔尖的学生自我约束意识淡薄、不遵守纪律甚至早恋的现象。我该如何对待这样的同学？如何更好地教导这类同学？

这位老师的问题概括起来为两点：一是认为成绩好的学生也会有好的行为习惯，"好学生"与"成绩好的学生"之间可以画等号；二是自己的班级中出现了违反个人认知的现象，也就是成绩好的学生并没有想象中那么完美，想要寻求对这类学生的教育策略。这两点看起来好像相互矛盾，实则具有因果关系——前者的认知偏差导致了后者的教育困惑。所以，要想回应这个话题，我们首先要做的是解决认知的问题，然后才能探索学生教育的问题。

## 建立正确的认知——全面发展的学生观

这类同学因为学习成绩优异，在学生中有很高的威望，自然也就更容易得到老师们的赞扬。但是与之不相匹配的是他们平日的不当言行，这可能会造成其他同学认知的混乱——只要学习成绩好做什么事都没有关系，老师都会包容。而如果公开对这些"好学生"的行为进行否定，又会在一定程度上打击他们的学习热情和参与班级事务的主动性，不利于学生的健康成长。这样一来，问题的焦点就是：既要确保他们在学习上的榜样作用，又要以恰当方式纠正他们日常行为的偏差，还要引导班级其他同学对"好学生"产生正确的认知。

教育活动是教师和学生互相影响的过程，教师只有对学生形成清晰而准确的认知，才能在教育实践中有效地因材施教，有针对性地开展教育教学活动。但从实践来看，教师在教育过程中较普遍地存在着对学生的认知偏差，从而采取了不恰当的教育手段，导致出现教育失误甚至是教育事故，严重影响到教育教学活动的规范开展。所以，站在科学、理性的角度去理解，全面而客观地看待每一个学生，是当下教师的一项必修真功。

教师认知偏差的类型与表现。教师对学生的认知偏差大概有三种表现：一是知觉偏差，也就是通常所说的"以貌取人"。当然，这里的"貌"并不仅指外表和面貌，而是泛指表面，是说教师仅凭表面印象就对学生形成看法。比如，教师看到一个学生的着装不符合学校要求，就有可能会形成"道德品质不好"的直觉印象。二是判断偏差，也就是通常所说的"以偏概全"。比如，认为学习成绩好的学生在各个方面都是同学们的表率，就有"以偏概全"的嫌疑——学习成绩好只是学生素质的一种反映，属于千万种"好"中的一种，绝对不可以此判断学生的整体素质。三是归因偏差，近似于通常所说的"以白诋青"。比如，教师发现学生迟到，马上想到的就是学生纪律意识淡薄，或者是学习动力不足，归因为不利于学生的方面。

教师认知偏差的影响与危害。无论是知觉偏差、判断偏差，还是归因偏差，都属于教师认知能力的瑕疵，会不同程度地影响教育效果。因为认知决定行动，有什么样的认知，就会有什么样的教育行动。认知是全面的，行动就是科学的；认知是片面的，行动就是偏颇的。比如，当一位教师有了"好成绩等于好学生"的认知后，在开展教育行动时必然会走向简单化或片面化。以班干部使用为例，有这种认知的班主任通常会将学习最好的学生任命为班长，然后其他学生根据成绩高低依次安排基本对等的"职位"，很少会考虑这些成绩好的学生的管理能力和服务意识是否与其岗位需要相匹配。不能把合适的人放在合适的位置上，不仅是教师教育能力不足的表现，也是一种教育行为的错位，必然导致班级管理的低效乃至混乱。

教师认知偏差的纠正与重塑。教师群体中把成绩作为标尺来衡量学生，极度窄化学生评价的现象较为常见，这是需要引起重视的。那么，教师到底应该对学生抱以怎样的认知呢？换个问法，怎样的学生才是真正的好学生呢？这在国家层面已经制定了规范性的文件：2020年10月，中共中央、国务院印发了《深化新时代教育评价改革总体方案》，明确提出了"坚决改变用分数给学生贴标签的做法"，并就学生全面发展问题做出了系统规划；2021年3月，教育部等六部门联合印发《义务教育质量评价指南》，将"学生发展质量评价"的内容确定为五个方面，分别是学生品德发展、学业发展、身心发展、审美素养以及劳动与社会实践。教师认真研读学习这些文件，不仅可以对既有的认知进行纠偏，还可以促进以发展性评价、增值性评价为主的认知行动，并重塑全面的发展的学生观。

## 实施正确的行动，善于技术性补短

通常来说，认知的改变会导致行动的改变，有什么样的认知就会有什么样的行动与之相匹配。一个将成绩好作为好学生唯一标准的教师，其教育行动必然会带有过多的工具性和逐利性；一个追求学生全面发展的教师，其教育行动会更多地走向情感、意义和丰富。从短期教育需求来看，教师需要实施"补短"的战术性行动。

营建补短的心理环境。按照新时代学生发展质量评价标准，"成绩好"只是五个评价方面中"学业发展"的一部分，远不能代表一个学生的整体素质。在班级中，不仅存在学业成绩优秀但品行一般的学生，还存在品行优良但学业成绩一般的学生，他们都是在某一个方面存有薄弱项的人，需要教师在帮助他们"扬长"的同时，下真功夫去帮助他们"补短"。当然这一切的前提是教师认知的转变，认知转变了，教师就会降低对成绩优秀者的心理期待值，就可以心平气和地接受他们行为上的不足、管理能力上的缺陷，从而消除纠结和焦虑，进一步走向有效教育。

掌握补短的基本技术。补短行为大致可以遵循以下步骤：

一是诊断，形成素养清单。引导成绩好的学生对照学生发展质量评价标准，逐一分析个人的优缺点，列出优点和缺点清单。优缺点清单的建立，不仅可以帮助学生全面了解自己，列清单的过程就是学生自我认知、反思和梳理的过程，也让教师对优秀生有了充分的了解。成绩优秀的学生在理解、接受和思考能力上相对较强，一般能够在老师的指导下顺利完成清单，并对自我形成较为恰当的认知。

二是规划，制定补短台账。根据缺点清单，结合补短需求的轻重缓急，教师可以配合学生完成一个详细的补短规划，规划要综合考虑：先进行哪个短板项目，后进行哪个短板项目，时间安排要形成层次，一个接一个进行，通常从最容易改正的缺点入手；具体某个补短项目什么时间开始、如何进行、谁来监督（陪同）、多少次达标，要形成详细的规划。其实，补短台账很像理想状态下的学生"成长大纲"，在给出学生可行计划的同时，也将学生的成长愿望进行了细化，让学生清晰地知道自己要改变什么、如何改变，从而为学生搭建了一架成长云梯。这种具体化的成长计划表，让学生跷跷脚、抬抬手就可以摘到成长的果实，符合维果斯基的"最近发展区"理论。

三是行动，精准实施方案。发现自己的缺点比较容易，制定行动规划也相对简单，最难的应该就是怎样去补短。对于教师来说，要在充分了解学生的基础上，帮助学生制定有针对性的行动方案，然后督促、鼓励学生按照方案实现自我改变。

遵循补短的基本策略。总体来说，补短行动虽"一人一案"，但也有一些可遵循的共性策略。

一是监督的策略。纠偏或修正错误最难的就是坚持，所以必须有外力的监督，根据个人实际选择有效的监督措施，是补短行动成功的关键。比如，把缺点贴在显眼的位置以便及时提醒自己，鲁迅先生在课桌上刻"早"字就是典型的例子；主动向重要的朋友宣布自己要改正哪些缺点，往往是这个朋友越重要产生的监督力量就越强大；等等。一般来说，教师是最佳的监督者和重要影响人，要主动承担起监督者的责任，成为学生改变的重要力量。

二是奖惩的策略。奖励和惩罚在补短过程中同样重要，教师要帮助学生主动建立奖惩制度，并担当起重要他人角色。教师可以和学生拟定君子协议，共同制定惩戒措施。当学生坚持某项正确行为达到一定时间时，教师及时给予正向激励，比如陪学生做一件最愿意做的事情等。相反，若学生未能履行补短方案，教师也要按照协议实施必要的惩戒。

三是反思的策略。反思是提升学生自我纠偏能力的关键，教师的职责是帮助学生形成及时反思的习惯，提高自我反思的能力。开展自我反思的方式有很多，比较简单的做法，像事后想一想、睡前忆一忆等，比较正式的做法，如写日志、随手记录等。

从综合评价的角度来说，"人无完人"有着逻辑上的正确性，每个人都有优点，也不可避免地有缺点，这是不可否认的事实。以上观点虽然是以"成绩好的学生"立论，将"成绩好的学生"如何补短板作为论证基础，但最终的指向是所有学生的补短问题——每个人都有短板，每个人都需要补短。

## 有效运用辩证思维

先讲一个故事——

苏格拉底问年轻人：什么是美德？

年轻人回答：不偷盗、不欺骗等品德就是美德。

苏格拉底说：在军队当兵，接收到指挥官的命令，偷盗敌人的兵力部署图，这种行为是美德还是恶德？

年轻人说：偷盗敌人的东西当然是美德，但是偷盗朋友的东西就是恶德。

苏格拉底又问：我有一位朋友，遭受到了人生各种打击，他买了一把尖刀藏在枕头底下，想轻生。我在深夜时溜进他的房间，把刀偷了出来，使他免于一死，这是美德还是恶德呢？

年轻人想了想：这也不是恶德。

苏格拉底对年轻人的反驳运用的就是辩证思维。辩证思维指的是以变化发展的视角认识事物的思维方式，通常被认为是与逻辑思维相对的一种思维方式。在逻辑思维中，事物一般是非此即彼，非真即假；而在辩证思维中，事物可以在同一时间里，亦此亦彼，亦假亦真，而无碍于思维活动的正常进行。作为教师，要善于运用辩证思维，特别是在学生教育和管理问题上，彻底抛弃非好即坏、非优即劣的惯性思维，既看到好学生身上优秀的品质，也要看到可能存在的问题和不足。辩证思维的培养涉及很多方面，下面我们一起来探讨。

问题视角，从一元到多维。辩证思维强调从多维角度来看待问题，要把问题放在万花筒中进行审视，看到一个问题的多个方面。主要途径有：通过阅读来获得不同人的不同观点，形成对问题的不同看法；通过与他人的交流来获得参照观点；通过角色扮演等方式进行换位思考；等等。

问题分析，从散点到系统。在分析问题时，我们要学会把问题缩小一个维度，将问题放在一个系统里进行考虑。举个例子来说，当学生的成绩不好时，老师或许会觉得他不够努力，这肯定失之偏颇。当我们将成绩这个焦点放置到整个学习系统中来看时，我们就可以发现，决定学生成绩的不仅仅是努力，还包括成长背景、学校环境、成长际遇、关键人物等多个方面，从整个系统来看待学生的成绩有助于发现问题的本质，从而彻底解决问题。

　　问题意识，从接受到批判。批判能力，即独立思考、不随波逐流的能力。这种能力听起来简单，实际上掌握起来很难，需要进行系统的培养。当然，强调批判能力，并不是说要自我封闭或者独断专行，而是要保持开放和包容的心态，兼听但不失去自我才是正确的态度。

# 如何处理复杂的职业关系

## 成长之惑

我是一个工作四年的小学教师，研究生毕业，一直担任高年级的教学工作。刚开始工作时，我一直觉得自己是大材小用，满腹经纶没有施展的地方。几年下来，我又觉得自己又笨又无能，一个研究生竟然教不好小学生，班级管理一团糟。不知道现在的学生是怎么了，不知道学习，不愿意努力，特别是班里几个难缠的学生，任凭我用尽浑身解数也管不了他们。跟他们的家长沟通，家长也管不了（也许是不愿意管）；向其他人求助，每个人说的方法都不一样，验证后也没有什么效果。我应该怎么办？

## 突围之道

从宏观的视角来说，这个问题涉及教师实践性知识与本体知识的关系论证，反映出实践性知识对教师发展和教育活动质量提升的重要性；从微观的视角来看，呈现的是教师职业角色定位的问题，具体来说就是如何处理教育关系，特别是师生关系。

## 教育学就是关系学

我首先想到了"叙事者"团队正在共读的《教师：挑战》。《教师：挑战》是德雷克斯所著"家庭挑战"系列丛书中的一部，旨在帮助教师顺利通过职业挑战——既能完成课堂上学科知识的传授，又能防止并纠正孩子在教室里的不适应行为。所以，我建议老师们都去读读这本书，一定可以从中受益。在此，我想借着书中第一章《教师的角色》的内容，聊聊教师应该如何定位自己的角色。

教师普遍持有这样一种角色认知，觉得教师职业就是与孩子打交道的，本质上是想尽办法管理好自己"手里"的那帮学生。因为，当下主要是以学生在学业测试、管理考核中获得的成绩，来评估教师的教育成效和品质，这就容易导致教师把学生作为个人获得认可与肯定的"工具"，觉得自己对学生拥有绝对的"所有权"和"使用权"。在这种意识之下，教师职业行为往往是控制的、直接的、冲动的、极具个性的、本能的、未加评估的……换句话说，传统的教师职业行为都是以"我"为中心的，通常按照自我的方式去实施教育，很少会考虑与学生、家长及相关者的协商与对话，从而导致教师角色的混乱与教育关系的失调。

我觉得，对于新时代的教师来说，对自己的职业做一个精准定位，然后协调好与教育诸元素之间的关系，是至关重要的夯基行动，远比单纯的教学技能提升更具有价值。对教师职业而言，最重要的关系有两个，一是师生关系，一是家校关系。

重新定位与学生的关系。前述问题提到："不知道现在的学生是怎么了，不知道学习，不愿意努力。"这说明作为教师没有认真思考过现在的学生，对学生的认知还停留在自己上学的那个时代。时代不同，学生对于求学的愿望也就不同。比如说，在我读书的那个年代，上学就是到了一定年龄自然而然要做的事情，去了学校就是要读书学习，因为大家都那样。那个年代的孩子接收的信息很少，随大流是比较普遍的行为方式，上学这件事其实就是随大流的结果，并没有现在那么多高大上的理由和依据。这种"随大流"的心态，决定了学生的服从性很强，对教师的天然敬畏也就油然而生。

那个时代的师生关系就是"你说我做，你教我学"，无论是做事还是学习都是教师主导。在这样的师生关系中，教育艺术与教学方法对学生的学习影响不大，权威往往起着关键性的作用。德雷克斯在《教师：挑战》一书中说："在我们当今这个时代，权威不再得到学生的认可，相反是学生斗争的目标。"虽然现实的教育关系中"权威"还没有彻底沦落到如此的地步，以挑战权威为乐趣的学生还属于少数，但是以"师道尊严"为核心的权威，的确不再是维系师生关系的关键。身处信息化时代，学生有自己独立的思考和认知，自我意识越来越强，追求平等、对话和尊重成为绝大多数学生的诉求。所以，如何在师生关系经营中越来越多地植入"伙伴""同行者"元素，又不破坏教师的主导地位，成为当下教师必须要面对的课题，一定程度上决定了教师的执教能力。

重新定位与家长的关系。教育固有的控制功能，让师生彼此抱有敌意，也就是控制与反控制、管理与被管理，所以无论师生关系如何走向"伙伴"，从根本上摆脱不了"敌对"的本质。这里的"敌对"不是指真刀真枪的战争，而是教育本质里暗含的对立、分离和对各自职责的守护。有一句被人推崇的教育名言是这么说的："教育的本质意味着，一棵树摇动一棵树，一朵云推动一朵云，一个灵魂唤醒一个灵魂。"其描述的教育几乎成为当下教育的理想，但从中我们可以看到"摇动""推动""唤醒"之类的动词，也就承认了教育里存在主动和被动。也就是说，在教育的大生态中，存在着教师和学生两个不同的阵营——抱团而又挣脱的两大相互作用体。其实，在这两大阵营之外，还存在着一个利益关联的第三方——家长。家长投向哪个阵营严重影响着教育效果。

从某种意义上来说，家长与教师有着共同目标，都希望孩子朝着好的方向发展，也就很容易形成合作共同体。所以，当学生出现了不好的问题时，教师往往会想到让家长参与到拯救行动中，让家长承担起改善学生问题的责任。通常来说，家长也会愿意去承担这样的责任，只不过有时候力不从心。这不难理解，如果家长有这样的能力，学生就不会成为问题学生，让没有改善能力的人去解决问题，只会把问题弄得越来越糟。举个例子，教师告知家长学生上课不遵守纪律，家长回去后不假思索地责罚孩子，孩子就会因教师的告状之举而心生厌烦。如此，不但不能解决问题，还让问题变得更复杂。所以，现在的教师必须有能力建构起恰当的家校关系，属于教师的责任坚决不能丢给家长，属于家长的责任要引导他们去有效扛起。只有这样，才能把家长牢牢吸引到自己的阵营之中，形成帮助学生的合作共同体，而不是推向学生的阵营，让他们站到学校教育的对立面。

说了这么多，其实就是两句话：于学生，做有主导力的伙伴和朋友；于家长，做有指导力的盟友和战友。

## 师生之间没有绝对的平等

我们来聚焦一个更为具体的问题，那就是师生关系。

有位老师说他们班里最近出现了一些状况，让他这个班主任措手不及。

> 有一次上课了，班里一位男生座位上空着，桌子上留下一张纸条，上面写着："老师，你不用找我，我去干我喜欢的事情了。"不出几天，另一个男孩子在即将上课时大声呵斥同学，我只是轻轻说了句："××，现在已经上课了，请安静。"随即，他转头跑出了教室。可想而知，这两节课，我是怎样度过的……两位同学来自六年级的不同班级，我曾单独找他们谈过心，但似乎没有彻底打动他们。我反思了一下，可能是我的表达不够深入人心。可我不知道，究竟要如何做才能恰如其分地让他们意识到问题，进而转变呢？

我想，我们应该先来谈谈故事与教育的关系。这些年来我一直在探索故事与教育实践的深度融合，也就是探索如何运用故事元素来柔化、暖化僵硬的教育行动。我一直强调"融合"，其实是在强调故事只是教育改善的一种元素，并不是教育的全部手段。也就是说，故事不能成为教育的全部，也不可能独立完成系统的、全程的生命教育。它只能是整个教育生态的催化剂、柔软剂，是参与教育、生成教育的部分力量。所以，企图用一个故事去改变甚至是改造这两个学生，真的很难实现。通常来说，某个故事触发了学生的某种情愫，可能会让学生暂时表现出后悔或改正的愿望，这并不意味着教育的成功，还需要在这个拐点的基础上继续实施系统的、科学的、有效的教育。当然，故事可以在后续的系统教育中继续提供力量和价值。

这样一分析，我觉得这位老师现在最需要的并不是一个可以"药到病除"的故事，而是要去寻找这两个学生非常规表现背后的问题，然后去解决它。从简单的问题描述来看，这位老师应该是一个性格温和、不会给别人带来压力感的年轻教师——"镇"不住他们。留个纸条就敢走，听到老师的提醒扭头就出教室……如此的行为，只会出现在那些"软弱可欺"型教师的课堂上。我提到"镇""软弱可欺"之类的词语，并不是倡导教师压制学生，只是想提醒教师，要善于去建构师生关系。

通常来说，学生与教师之间的交往模式大概有三种类型：一是服从型，是指教师凭借权威、学校的规章制度等压制性要素，让学生无条件服从教师的意志和管理，这是传统师生关系的主要模式；二是崇拜型，是指教师凭借渊博的学识、独特的人格魅力、出色的教育能力等良性要素，让学生从内心认同教师的教育方式和方法，因崇拜而自愿维护教师的权威，这是当下较为理想的师生关系；三是伙伴型，是指教师和学生之间形成了一种平等对话、民主协商、教学相长的同伴关系，学生与教师之间实现了理解、认知和行为上的同化，这是当下师生关系的理想和追求，也是最容易被误解的一种关系模式。

现在，我们一起来分析一下这三种模式。第一种模式，理念上不倡导、理论上不可以，但在现实中超有效、适用范围超广。在很多中小学，教学成绩处于上游，班级管理井井有条的教师，大多属于这种师生关系的受益者。第二种模式，属于少数人可以拥有的，在理论上不排斥但也不受鼓励，在实践中会被广泛赞誉，并被管理者所认可。第三种模式，属于有待实现的理想，被现代教育理论所倡导却鲜有人践行。这个模式通常会给年轻教师一种假象，以为单纯地和学生打成一片，不分你我、嘻嘻哈哈、打打闹闹就是伙伴型师生关系。以至于，有些年轻教师主动把自己视为学生，甚至刻意迎合、取悦学生，从而导致班级管理混乱，教育场域处于失衡、失控状态，这是一种极其危险的错误认知。

实际上，即使是伙伴关系，也必定存在主导与跟随的问题。通常来说，只要是共同做一件事，就会出现一个主心骨式的人物——任何事情都需要有人"振臂一呼"，任何时候都需要倡导者。也就是说，伙伴关系的平等对话需要有人发起对话，伙伴关系的平等协商需要有人提出协商的议题。以伙伴型师生关系为例，教师就应该是伙伴关系中的主导者，应该对班级事务、学生成长、关系建设等承担发起人的责任，并自觉担当起协商、对话、讨论等活动的组织者。也就是说，无论是服从型、崇拜型还是伙伴型师生关系，教师在其中都应该是主导者。

我觉得，前述教师之所以教育无效主要问题在于过分追求"伙伴关系"，彻底将自己与心智尚未成熟的学生混为一谈，从而导致自己的建议和想法在学生那里不起作用。我的建议是，在建设伙伴型师生关系时，不要忘记教师的身份和职责，要做方向引领者、行动推动者和教育负责者，而不是关系建设中的躺平者。这就需要教师在学生心目中树立好威信，成为伙伴关系中的核心与关键人物。

记住，师生之间没有绝对的平等，这是由教育的本质与教师职业的性质决定的。

## 处理关系也是教师的关键能力

对于大多数年轻教师来说，最难的事情未必是教学，而是处理各种各样的关系。我曾亲见两个年轻教师的职业生涯走得很艰难，甚至是失败，究其原因都跟"关系"有关，换句话说就是败在了关系上。

第一位老师是位研究生，她入职那时候研究生还很少见，所以在没有见到人之前，我们对她抱有很大的期望，毕竟在一群专科生和本科生中间，她的学历相当惹眼。最初的时候，她被分到了小学部，几天之后就嚷嚷着要到初中部，理由是个人学历与所教学段差距过大，不会与小学生打交道。学校最终把她调配到我们年级。其教学工作一直是磕磕绊绊，不断有学生或家长反映她的问题，说跟她无法交流，投诉她掉学生家长。最初的时候，我们以为她因为刚刚入职，还没有完成角色身份的转变，大都是帮着她说好话，希望家长能够对新教师多一些宽容。再后来，因为需要调解她与学生或家长之间的矛盾，和她的交流多了起来，才发现她真的是很难沟通，最常挂在嘴边的一句话是——你又不懂。无论别人对她提出什么质疑，她的回复一律是这样一句话。

事情的大爆发是在第一次家长会上，按照惯例，学期中测结束后都要组织一次家长会，这是学生进入初中后的第一次家长会，学校和各个班级都很重视，要求学科教师都要参加家长会与家长进行交流。轮到她的学科时，有家长就教学问题和课堂管理问题提出了困惑，而她不做任何解释，一律用那句"你又不懂"来回撑，导致家长集体情绪爆发，把她轰下了讲台。当时幸好有班主任和其他老师在场，才把混乱场面给稳定下来，而她依然执拗地认为——你们又不是老师，又不懂，凭啥质疑我？最终，这位老师选择了读博，据说后来进入研究机构，专门从事研究工作。在聊到这位老师时，我们深有感触，她的学习能力很强，但沟通能力实在太差，整天与人打交道的教育工作她显然驾驭不了，兴许她会是一位优秀的研究者。从这个意义上来说，关系建设能力是教师的第一能力，毫无疑问。

第二位老师是位青年班主任，工作已有几年的时间，她的问题在于和学科教师搞不好关系。他们班的几位学科教师都反映这人不适合做班主任，其中比较集中的问题是习惯性怀疑。比如，学科教师在课堂上批评了班里的学生，他知道以后第一反应是——不会是对班主任有意见吧？当学科教师与他交流班级情况时，他的基本情绪是抗拒、否定、生疑，从而导致每次沟通都是不欢而散。

其实，学科教师批评学生属于正常履行育人职责，与班主任沟通班级管理上的问题更是分内之事，也属于班级育人团队常态性的交流互动。作为班主任，应该对学科教师的尽心尽责表达感谢，并合力解决好存在的问题，这才是正确的做法。那么，这位青年班主任问题的症结是什么呢？其实，他与前面的那位老师一样，都极度自我，一个极度自我的人，想问题做事情都以自我为中心，不会换位思考，从而导致来自外界的任何信息经他转换后，归结到是对自己的"攻击"这一可怕认知上，从而采取应激性的回撑或者反击。如此，没有了沟通的前提，良好的人际关系根本不可能建立起来。

作为青年教师，"自我中心"的形成源于各种原因，在很多时候与自大、狂妄等词语并无关系。相反地，有的时候它恰恰来自不自信，人感觉自己很恐惧时，就有可能用不恰当情绪筑起一个坚硬的壳，以期抚慰内心的脆弱、恐惧和不安。个人认为，新入职教师的类似问题较多地源于这一原因，要想摆脱这种情绪障碍，最好的方法就是自我成长，当自己足够强大、足够自信的时候，这一问题就可以得到解决。

# 如何应对工作中的"两难"选择

我是一名高中教师，刚参加工作一年多。这一年多里，我遇到了很多难以抉择的事情：我想和学生建立亦师亦友的关系，却又担心学生因此不服管教；我想对学生严格进行积分管理，却又担心捆绑住他们的手脚；我想给学生自由的空间，结果他们蹬鼻子上脸，弄得班级乱糟糟；我只想做个好老师，却不得不去花费大量时间处理班级事务……当然，这些只是我琐碎的纠结，我也不知道怎么更好地表达自己的困惑。

这是新入职教师普遍面临的困惑，是一个人从理论到实践转型期正常的成长反应。根据我个人的经验，青年教师的困惑主要集中在这样三个领域：一是关系建设，比如同事关系、师生关系、家校关系等；二是工作统筹，比如班主任工作与教学工作的统筹，教学质量与学生负担的统筹，课内教学与课后辅导的统筹，等等；三是专业性的判断，就是对自己正在实践的、他人推崇的一些教育行为的利弊权衡与取舍。很多问题都具有"两难"性，实践经验还不丰富的青年教师很容易陷入"两难"选择而难以自拔。在这里，我选择三个最典型的常见问题，和青年教师聊一聊如何突破"两难"，如何破解迷茫与困惑。

## 把握好严与慈的度

如何处理与学生的关系，这大概是每个年轻教师都要面临的困惑，我在刚做教师时也为此而纠结过很久。从问题描述可以感知，这位老师比当年的我要优秀得多，因为他已经有了思考——要和学生建立亦师亦友的关系，而我则是在摸爬滚打了很多年之后才明白了这个道理。在师生关系问题上，咱们国家也有相关的要求，比如《中小学教师职业道德规范》就在第三条明确提出了"对学生严慈相济"的要求，并倡导教师要"做学生良师益友"。从这点上来说，这位老师的思考与国家对教师职业的要求是一致的，为他点赞。

要想做到"严慈相济"，就要先弄明白什么是"严慈相济"。严、慈，在我国历史上分别是对父、母的省称和尊称。对自己的父亲一般称家严、严父，或简称严；对自己的母亲一般称家慈、慈母，或简称慈。严，即严厉、严格、威严之意。慈，即仁慈、慈祥，含恻隐之心。家庭教育中的严慈相济，既指父母亲的相互配合，又指严格要求与慈爱的相互交融。再后来，严慈相济从家庭教育被移植到学校教育之中，成为教师职业素养的一部分。我觉得，严慈相济说起来容易，做起来的确很难，而其中最难之处就是度的把握。下面两点希望能提供一些帮助。

严的度，与师生感情的深浅有关。所谓严的度，就是那个不会导致管理行为"变质"的临界点。那么，怎么找到这个临界点呢？我想，这个临界点不是一个固定的数值，也不是某种可以量化的标准，它的存在依附于师生关系。比如说，一个老师看到学生在晨读课上看小说，就在其后背上拍了一巴掌，提醒学生进入学习状态。这个动作不同老师去做可能出现不同的后果：学生羞涩地笑笑，马上拿出课本开始晨读；学生很不高兴地白了老师一眼，慢腾腾地收拾课桌上的东西；学生勃然大怒，控诉老师体罚……产生哪种结果主要取决于学生与老师的关系深浅。在良好的师生关系之下，老师对学生的敲敲打打、厉声呵斥，学生与家长会理解为"爱之深，责之切"；在糟糕的师生关系之下，正常的规范要求也可以成为师生冲突的导火索。

如此，严的度，你既不能用巴掌的力度大小来衡量，也不能用面部的凶狠程度来量化，而是要放在你与学生的关系之下去考量。那么，如何营造良好的师生关系呢？我觉得只有一个办法，那就是真正地去爱学生。这个"爱学生"不是你觉得爱，而是让学生觉得你爱。在日常的教育生活中，经常会有老师觉得自己很爱学生，但是学生并不领情，这可能就是没有做到换位思考——你能否站在学生的角度来审视自己的爱？你的爱传递到学生那里，学生感受到的还是不是爱？举个例子，老师要求学生认真打扫卫生，便制定了一个扣分制度——教室卫生若被学校扣分，值日学生被双倍扣分。这个制度的制定，就让学生觉得老师在意的并不是他们，而是老师自己的利益得失，老师是在爱自己。而如果老师能够站在"干净的教室可以带来良好的生活感受"这个角度来提要求，学生接收到的信息可能就会是另一个样子。

慈的度，与教育艺术的强弱有关。宽容与放纵、慈爱与纵容，同样很难用标准进行区分。我在学校工作时，有一次上课时下起了大雪，一位语文老师便让学生到教室外面玩雪，然后组织学生写打雪仗的乐趣，从而生成了一节高质量的作文教学课。一位年轻教师看到后感觉很有意义，也把自己的学生放到了教室外，让学生尽情玩起雪来。没想到，学生们玩疯了，根本不听老师指挥，有几个学生还打了起来，导致一个学生受伤，最后由学校出面进行多方调解才解决。你看，同样是组织学生走出教室感受生活，一个成了故事，一个成了事故，为什么？这里面就存在一个艺术性的问题：前者，教师有着丰富的教学和管理经验，在组织学生"玩雪"之前不仅给学生布置了明确的任务，还强调了足够严格的纪律规范；后者却是临时起意，未加任何组织和统筹就把学生放到了教室外面，再加上个人的"威慑力"不足，自然就会出现意外和问题。

　　教育是一项艺术，不像生产线的工作那样容易操作，需要长期的修炼和沉淀。人家的管理很宽松，但是班级管理的效果却很好，这是因为人家有足够的教育智慧可以控制住局面；相反地，有的人看起来很是卖力，对学生要求也相当严格，班级管理的效果却不好，可能就是因为他们在使用蛮力，缺少了教育的智慧和艺术。其实，管理就像放风筝，看起来风筝在天空中自由翱翔，却总会有一根线在控制着它，这根线就叫做教育的艺术。对于年轻教师来说，只有不断加强自身的能力建设，在实践中积累大量的经验和智慧，才有可能在工作中实现收放自如。

　　最后，我想说的是，青年教师和学生之间的年龄差距不大，应该有很多的共同语言，这都是优势。如果能够站在学生的角度去想问题，让他们觉得你不是高高在上的师者，而是有过共同经历、刚刚走过高考的邻家大哥大姐，那么走进他们应该不是很困难。怕就怕，一旦成了教师，就忘了自己也曾是学生，切记！

## 统筹好班级管理和教学工作

在当下，大家都不愿意做班主任。如果采访一下正在做班主任的老师，他们中十有八九是"被班主任"，要么是刚工作时的"自然而然"，要么是后来的某种"需要"。时间久了，他们也就习惯并默认了班级管理和课堂教学一肩挑的现实，大多数人还做得游刃有余，也有不少的人获得了不一样的成就感。我这么说，是想告诉年轻教师，刚刚起步时的手忙脚乱并不可怕——它终会过去，也终会成为过去。重要的是，你得知道怎样去接受、适应并胜任。

首先，你得知道班主任工作为什么会成为"累赘"。在基础教育阶段，班主任工作属于教师的兼职工作，并无专门的班主任工作岗位。从表面来看，班主任工作是教师额外的劳动，有时候更像是累赘。而这种"累赘"感的产生，主要是因为当下的班主任工作已经被窄化为上传下达、配合行政、约束管理等事务性工作，无法从中获得专业幸福感。其实，班主任的核心工作应该是对学生进行教育引导，属于专业教育行为，而不是烦琐芜杂的具体事务，理应像课堂教学一样带给教师职业成就感。它之所以沦为"累赘"，原因不在于班主任工作本身，而在于当下的教育环境为其附加了太多教育以外的东西，从而让我们忽略了其最值得努力的本质。

其次，你得知道班主任工作与学科教学之间的关系。前面我说过，班主任工作是育人的，学科教学偏重于知识传授，但是育人与知识传授是不能分裂的，是完整的、不可分割的系统行为。对于教师而言，即使不兼任班主任工作，也不可能只传授知识而不育人，所谓的教书育人说的就是这个道理。从这个意义上来说，班主任工作并不是教师额外的累赘，而是完整教育生活的一部分，只不过与其他普通教师相比，职责更加明确而已。我一直认为，在教育的问题上，关系远远大于技术。我们经常会遇到一些讲课水平一般，从来没有获得过讲课比赛奖励的老师，他们的教学质量却很高，课堂教学也很受学生的欢迎。相反地，我们也会发现有些活跃在课赛平台上的教师，他们的教学质量和真实的课堂并不被认可，究其原因，关系与技术的分裂是其中之一。有的老师只重视课堂教学技术的提升，而忽略了与学生关系的建设，自然就会出现"叫好不卖座"的现象。

再次，你得知道班主任工作怎样促进学科教学。育人与教学的逻辑关系应该是育人促进教学。在具体的实践中，班主任任教的学科通常会比其他学科教学质量要高一些，这是因为班主任更多地承担了育人的职责，师生关系往往更加密切，学生更容易接受班主任的知识传授。所以，好的关系一定会带来好的质量，学生接纳了教师，自然就会接纳教师施加的教学影响，学习的质量和效果自然也就有了保障。作为班主任，有更多机会育人，更容易和学生建立起信任关系，这是班主任工作的优势。但是，如果班主任工作不力，也更容易造成师生之间的对立和不信任，这种"双刃剑"式的存在，要求班主任必须更加注重育人能力的建设，不断提升班主任工作的专业化水平。

前面，我用了大篇幅的文字来谈班主任与教学，是想告诉年轻教师一个事实：从专业的角度来看，班主任工作不是教学工作的累赘，而是组织教学工作的前提，是获得优质教学的加速器。要想实现这一

"事实"，就要将班主任的专业性与班主任工作的事务性进行统整，尽可能多地将时间与精力向专业建设上倾斜，尽可能让自己走向班主任的专业化发展。我知道，这样的统整很难，因为现在堆压到班主任身上的"杂事"越来越多，要想"分身"往往会有"乏术"感。我没有办法给出具体的做法，因为背景不同，方法各异。但是，我可以给出方向上的建议：如果你是低年级的班主任，可以多向家长借力，将一些不很必要的事务性工作委托给家委会，当然这需要技巧和智慧；如果你是高年级或者中学的班主任，可以多向学生借力，实现解决问题与锻炼学生的双赢，这同样需要技巧与智慧。

拨开了琐事的浮尘，你就会发现班主任工作是一件很有意思的事情，你研究得越多，解决问题的方法越多，班级管理的效率也就越高，琐碎感就会慢慢变淡。这是一个良性的改变逻辑：越深入，越简单。

## 关于积分制管理的利弊权衡

积分制管理属于专业性判断的问题。它原是企业管理的一种理念和模式，后来逐渐在教育领域被接受和推广，成为当下教育管理的主要手段。要想弄清楚这种管理模式的优势与不足，就要先弄清楚积分制的本质和内涵，从而对其做出理性而客观的评价。

从理论上来说，所谓积分制管理，是指把积分制度用于对人的管理，以积分来衡量人的自我价值，反映被考核人的综合表现，将各种待遇、福利等外在的利益向高分人群倾斜，从而激发人的主观能动性。其实施逻辑是：设计可供衡量的行为特性——制定可供量化的行为标准——实施物质奖惩为主的外在激励。这一逻辑的基本假设有三点：一是人的行为可以通过关键特征来呈现；二是行为的关键特征可以被赋予不同的分值来量化；三是关键特征的综合可以代表行为全部。很明显，这种假设有以偏概全的问题。

从实践来看，积分制管理的核心是典型的"胡萝卜加大棒"，要使驴子前进，就要在它前面放一个胡萝卜引诱，或者用一根棒子在后面驱赶。很明显，积分制管理在尽可能使用外驱力，而忽视了内驱力的激发，更缺少了情感领域的建设。

以上，我是站在积分制管理的全局来分析其利弊。倘若将积分制管理具体到我们的班级管理或学生教育上，我觉得其弊要远远大于利。在班级管理中，往往是选择一些常见的、重要的行为进行衡量，然后分别赋予这些行为不同的分值。比如，迟到一次扣 2 分，上课随意说话一次扣 3 分，作业未完成一次扣 5 分，等等。如此，一个学生的综合素质就被是否迟到、是否课堂上说话、是否完成作业等关键性行为所衡量，而 2 分、3 分、5 分等累加起来则代表了其素质的高低。很明显，这种过于简单化的节点赋分策略，无法真正衡量一个人的综合素质。

同时，这种积分制管理还会带来负面作用。在积分制管理中，除了扣分项目，为了彰显奖励机制，还会设置加分项目。举个例子说，在好人好事这个加分项目中，拾金不昧会被适当加分，这就很容易导致班级里大量出现"捡钱"上交行为——很多是拿自己的零用钱上交，以此来换取加分，用以平衡掉因不良行为而被扣除的分值，从而出现事实上的"拿钱买分"现象。这不仅与管理的初衷严重相悖，更助长了弄虚作假的歪风邪气，甚至有可能诱发学生的偷盗行为。除此之外，积分制引发学生之间冲突甚至恶性竞争的现象也并不鲜见，对于学生情感建设产生了极为不利的影响。

至于积分制管理实施之初效果明显，时间久了则有失效现象，则可以算是积分制的另一弊端。实践证明，但凡靠外在诱惑而产生的激情总会有丧失的时候，而积分制完全依靠的是外驱力，所以其产生的效用会在一定时间之后慢慢消失。这就更加要求我们，在学生管理上，绝对不能单纯依靠积分制管理，而要进行多维度、多领域的探索。令人欣喜的是，在行为心理学研究发展的支持下，越来越多的企业开始试图运用非货币激励主导下的内驱力建设来替代"胡萝卜加大棒"，这也给我们的班级管理带来了启示。

内驱力建设是个系统工程，其实施有着基本的遵循，具体包括：营设学习环境的"正能量"，以主流带动整体方向；鼓励团队共享和团队奖励，破解个体之间的暗自较量；对于学生行为进行及时反馈，提高互动水平和沟通时效；多提供挑战性的角色或挑战机会，无限包容学生的错误或失败；让学生多角度探索完成任务的方式方法，鼓励独立思考和创新行动；等等。

综合以上分析，我觉得当下的积分制管理有其价值，但也有不足，比较好的班级管理思路是，在积分制管理的基础上，探索更多元的评价方式与路径，以多元评价替代单一的积分管理，让我们的班级管理尽可能多一些情感在里面，让我们的管理更加追求内驱力的唤醒，而不仅仅是外驱力的设计。如果能做到这一点，我们的班级管理也就更加接近了教育的本质。

# 如何让事务性工作具有意义

成长之惑

一位班主任说，"班主任工作是个筐，啥活都能往里装。"班主任承担着大量琐碎的事务性工作，根本就没有成长的时间和精力。作为班主任，如何才能摆脱事务性工作呢？

突围之道

2014 年，我曾写过一篇文章《爱心·民主·专业化——班主任工作理念三十年回顾》，刊发于《班主任之友（小学版）》（2014 年12 月）。文章较为系统地梳理了不同发展阶段的班主任工作理念，就班主任专业化问题进行了建设性总结与展望。十年之后，再次对班主任工作进行审视，发现专业化依然在路上，并且平添了许多发展的阻碍与滞缓的因素。其中，最明显的就是事务性工作在班主任工作中的占比越来越高，而且无法在短期内获得政策性解决。如此，我觉得就有必要再提班主任的专业化，通过专业化方式解决班主任工作面临的诸多问题。

## 改变认知，以情绪管理赋予意义

树立符合新时代发展需求的专业精神，这是班主任专业化必须迈出的第一步。随着学校与社会的联系越来越密切，教师特别是班主任的额外工作也越来越多，再加上社会对学校教育的高质量要求等原因，班主任在身心两方面都承受着巨大压力，容易产生焦虑、悲观、愤怒、憎恨等消极情绪。近年来，班主任的职业倦怠现象日趋严重，无疑与这些消极情绪得不到疏解有关。中小学班主任见面说得最多的就是心累，其实"心累"就是消极情绪占据主导的心理反应。人一旦"心累"了，做起工作来就会"身累"；如果"心累"成了一种常态，那么理想、信念、情感之类的专业精神元素就会消失，就会自然而然地出现倦怠感和挫败感。所以，情绪管理是专业精神树立的关键，近几年来被广泛关注，也是新时代班主任的关键素养之一。

那么，如何做好情绪管理呢？首要的是改变认知，因为人的情绪往往源自对事件的认知。就像寓言故事里的老大妈一样，晴天的时候担心大儿子卖不出去伞，雨天的时候担心二儿子晒盐受到影响，从而导致自己始终处在焦虑之中。如果换一个角度呢？晴天的时候二儿子的盐一定晒得很好，下雨天大儿子的伞一定卖得很火，无论晴天还是雨天自己的儿子都是受益者，这样想自己的心情就会好起来。你看，同一件事情，认知不同带给我们的情绪体验就会不同。所以，当出现消极情绪时，我们要善于从认知上去进行思辨，也就是要看见"损失"背后的获得、"糟糕"背后的幸运以及"失败"背后的机会。

所以说，面对事务性工作，班主任首先要有正确认知。那么，具体如何去看待班主任工作呢？按照认知思辨的逻辑，那就是要看见"负担"背后的"实惠"。其一，实用。班主任工作自带政策导向下的利益，在职称评审、荣誉奖励、岗位津贴等方面都有所体现，各级教育行政部门专门为班主任设的荣誉奖励项目也越来越多，基本上可以保证劳有所获——虽然所获与付出未必对等。其二，幸福。在学生心目中，只有班主任才是自己的老师。如果学生说"我的老师"，那一定是指班主任，其他的一般都会加上学科，比如历史老师。当班主任后悔一阵子，不做班主任后悔一辈子，说的就是这种独特的职业幸福感。其三，成长。班主任岗位复杂而具有挑战性，可以实现教师能力的全方位锻炼，尤其有助于组织管理能力、沟通协调能力等关键能力的培养。思辨过后，我们会觉得班主任工作值得去做了，具有特定的价值和意义了，然后便会有后续的教育行动。认知决定情绪，情绪决定态度，态度决定行动的专业程度。

## 提升能力，以关系建设解释意义

当班主任工作被真正赋予意义以后，班主任就不会过度排斥那些附着于其上的事务性工作，并且会自觉地把事务性工作列为班主任工作的一部分，这种认可和接纳让事务性工作有了获得意义性解释的可能。可以说，让事务性工作获得意义性解释，是解决当前班主任职业困境的关键所在。班主任为什么会视那些事务性工作为累赘？因为他们从内心里不认可事务性工作属于班主任工作内容。在部分班主任看来，事务性工作是社会强加到班主任身上的额外工作，不在班主任工作范畴，做事务性工作就是徒劳无益的"赔本买卖"。不想做，不愿做，又不得不做，才是导致班主任压力蔓延、情绪低落的主因。这就涉及另一个问题——如何让事务性工作具有意义？这就属于专业能力建设的范畴。

实践中，班主任工作大致可以划分为三类：一是决策性工作，是指有助于班级建设科学化的基础工作，包括班级发展规划、班级工作计划、班级工作总结等；二是常规性工作，是指有助于班级建设规范化的常态工作，包括班级文化建设、制度建设、组织建设、机制建设等；三是事务性工作，是指有助于班级建设社会化的附加工作，包括班级突发事件、临时性活动以及来自社会的协作性活动等。

一要处理好决策性工作与事务性工作的关系。在做班级工作规划时，要预留事务性工作的处理时间与空间，也就是将可预判的事务性工作纳入工作计划。其实，有很多"突发""临时"工作并非真的突发、临时，而是我们未能进行合理预判。比如说，九月上旬的某天，学校下发通知要求三天内组织一次尊师重教班级活动，并上报活动方案、过程资料和成效总结等。看起来，这件事突发且紧急，也就是我们常说的时间紧、任务重，实际上，这个活动是可以预判的，有经验的班主任完全可以预见到九月的尊师活动，并列入班级九月份工作计划。如此，一件突发性工作就变成了计划内工作，成为预设的内容。

二要处理好常规工作与事务性工作的关系。常规工作一般不会成为班主任抱怨的内容，其规律性、可控性让班主任可以心平气和地开展。事务性工作之所以不受班主任"待见"，很大一部分原因在于，它的出现打破了教育秩序，带来额外的工作负担。实际上，大多数事务性工作与常规工作是有契合点的，也就是有它存在的理由。举个例子说，有班主任觉得禁毒宣传活动属于额外的事务性工作，但实际上这个工作完全可以嵌入学生生命教育，成为学生常规教育的一部分。有经验的班主任一定善于增加常规工作的黏合性，将散乱的事务性工作规整到体系之中；有经验的班主任，一定会确保常规工作的灵活性，让常规工作不僵硬、不教条，做好常规与非常规的融合。

三要处理好能力建设与时间管理的关系。毋庸置疑，事务性工作不可能都纳入计划、融入常规，它的存在一定会消耗班主任的宝贵时间与精力。那么，作为班主任该如何应对？加强能力建设，通过能力建设优化工作程序、提高工作效率、减少时间损耗，才有可能将班主任从"无暇关注"状态拉出来。一是提高决策性工作处理的科学性，以完善周密的规划来统筹班级工作；二是提高常规工作处理的创新性，学会借力，让"关系力量"产生时间效益；三是提高事务性工作处理的意义感，确保每一项事务性工作都获得意义解释，从而拥有做好事务性工作的心理准备。

## 沉迷研究，以情怀培育升华意义

班主任工作实践中，有一些事务性工作不仅烦琐而且会长久存在，让很多人感到头疼，从而望而生畏，不敢也不愿意从事班主任工作。这些"麻烦事"像毛毛虫一样潜伏在班主任职业生涯中，侵蚀着班主任工作的幸福感。那么，有没有可能将这些"麻烦事"变成有意义的事呢？林志超老师在这方面有着完美的回答。班主任最怕的事情莫过于问题学生和学生问题，层出不穷的学生问题耗费了班主任大量的时间和精力，算得上是影响职业幸福感的"罪魁祸首"。可以说，很多班主任就是败在了学生问题上。林志超老师则选择了享受学生问题，将解决学生问题作为自己教育特色的生长点，逐渐形成了"艺术应对学生问题"的教育理念，将大家不愿意遇到的"麻烦事"变成了有意义的事。

从"麻烦事"到有意义的事，起决定作用的是教育研究。苏霍姆林斯基有句名言："如果你想让教师的劳动给教师带来乐趣，使天天上课不至于变成单调乏味的义务，那你就应当引导每一位老师走到'研究'这条幸福的道路上来。"借助名言的逻辑，我们也可以做出这样的推断：如果你想让班主任彻底摆脱事务性工作带来的压力，那你就应当引导每一位班主任走到研究的道路上来，以研究为工具，在解决问题中获得幸福感。教育研究的载体有很多，包括教育叙事、教育案例、教育论文、课题研究等，构成了教育研究的层次梯级，其中最容易让教师获得幸福感的是教育叙事。对于班主任而言，教育叙事就是将遇到的难题和困惑记录下来，通过反思等手段解释隐匿于其中的意义，从而提升问题解决能力的一种研究方式。一个班主任如果习惯了教育叙事研究，就会自觉地将"麻烦事"看成是研究的内容，就会沉浸其中去探寻背后的意义，就会收获研究带来的幸福感。

1997 年，我开始撰写教育叙事，并坚持做到一天撰写一篇。在这个过程中，不仅通过反思提升了自己的教育教学能力，而且养成了理性分析问题的习惯。当看到学生迟到时，首先想到的是弄明白迟到的原因，而不是不问青红皂白地指责；当学生完不成作业时，马上会去反思是不是作业布置出现了问题，而不是简单地罚写作业……如此，那些容易让班主任情绪爆发的管理问题，就变成了个人写作和反思的资源，成为专业成长的基础。长期的教育叙事研究，让我可以坦然面对所有的班级事件——成功的，梳理经验，凝练专业智慧；失败的，总结教训，形成整改方案。当一项工作成为可以垫高自己的土壤时，辛苦、劳累甚至折磨都会成为一种幸福；当一件事情值得自己沉迷其中时，麻烦、付出甚至损失都变成了一望无际的情怀。

社会赋予教育越来越多的责任，事务性工作过重的问题不可能在短期内通过行政方式获得解决。在这样的背景下，利用专业的方式让事务性工作具有意义，在意义的支持下获得正确的认知、专业的能力和深远的情怀，这也许是一线班主任值得去尝试的探索。

## 别做手中只有"锤子"的人

我在农村学校做班主任时，最常遇到的事务性工作是参加一些社会性义务劳动。比如，我们有可能会突然接到通知，让班主任带学生到某个地段挖一段公路排水沟。这种任务通常是以班级为单位进行分配，印象中，每当接到类似的任务，班主任都是内心里强烈抵触，但在行动上又争先恐后，唯恐自己的班级最后一个完成任务。有的班主任还会把这种不满情绪传递给学生，然后师生一起带着不满、愤怒而又无可奈何的心情，郁闷而辛苦地去应付这种工作。

这种既累心又累身的工作，有没有意义和价值呢？在当时，我经历了这样一个心理活动：这项任务能不能不做？不能。既然不得不做，怎样才能做得心平气顺，让这项任务变得有意义，让我们从中获得"利益"。我们能够获得的"利益"是什么？成长。怎样才能获得成长？把任务变成教育内容，让执行任务变成开展教育活动。于是，我在向学生宣布这项任务时，并没有像其他班主任一样在学生面前抱怨、发牢骚，而是说要去完成一项社会实践活动，需要全班同学的通力合作和聪明智慧。

当任务变成了一项教育活动，最先改变的就是学生心态——这是成长任务，是将自己的聪明智慧化成行动力的机会。于是，我建议班委会搞一个详细的活动调研：分给我们的这一段排水沟土方量是多少？这需要利用数学知识来计算，对初中生来说不是难事。这些土方量需要多少人一个上午能完成？这就涉及学生对自己能力的预测，且要兼顾男生和女生的差异。完成这项成长任务还需要做好哪些工作？工具、生活必备品、安全等。这些问题都弄清楚了，接下来就可以群策群力做一个活动方案，给出具体的任务分工。

最终，他们给出了一份比较完备的方案：哪些人带铁锨、镢头等挖掘工具？离家最近的同学。具体任务分工是什么？男生负责挖沟，轮流上岗，共分三批，每批施工一个小时左右，确保任务完成且每个人都有参与；女生负责技术及后勤保障，包括画线、定位、茶水供应、防暑药品保障等；班主任是总调度兼风险防控责任人，主要负责意外事件发生时的处理、调度等。其实，这个方案的形成包含了很多育人元素，比如学科知识的实际运用，社会伦理上的认同与理解，社会行动上的评估与分配，等等。事实上，当这样一份具体的外派任务完成后，班级的每个学生都得到了一次培养和教育，都距离真实的社会更近了一步。在那个时候，还没有三全育人、五育融合之类的提法，我所遵循的基本原则就是——让每一份事务性工作都具有育人价值。

美国著名作家马克·吐温说过一句话：To a man with a hammer, everything looks like a nail. 大致的意思是说，对于一个拿着锤子的人来说，所有东西看起来都像钉子。其强调的是，当我们手里有某种工具时，做事总会倾向于用这种工具来解决，往往是工具决定了对待事情的看法。其实，这里的工具也可以理解为思维，当我们坚定地持有某种思维时，很容易把问题理解为固有思维之下的样子。通俗地说就是，你有什么样的思维，就会有什么样的认知，就像佛印与苏东坡的故事中，苏小妹揭示的道理一样：你的心里有什么，眼睛看到的就是什么。

　　据此，一个班主任能否让事务性工作具有意义，关键在于改变思维方式，你把工作看成教育，工作就具有了教育的意义。

# 第三章

自我赋能：在读写中丰富自己

赋能的意思是，赋予能力或能量。

这个时代，最重要的自我赋能方式有两个：一个是阅读，另一个是写作。阅读，是一种便捷的获得和生动的输入，不一定会带来轰轰烈烈的人生巨变，却可以用一种安静的方式丰富自己；写作，是一种理性的反思和系统的输出，不一定会让人熠熠发光，却可以为平凡的人生在思想上叠加标识。

# 真正的阅读应该是什么样子

## 成长之惑

　　我喜欢读书，不说是"读书破万卷"，至少在我的圈子里阅读量数一数二。刚开始，我觉得读书多了能力也就增长了，所以对读书抱有很大的期待，期待通过阅读提高我的教育教学能力。慢慢地，我觉得读书也没有什么作用，因为读书的这些年，我的成长既不突出也不迅速，就这么不温不火地熬着。我想知道，读书真的有用吗？真的可以促进个人的成长吗？

## 突围之道

　　人们常说，开卷有益。这是对阅读进行的无差别赞誉，如果综合考量，的确有拔高阅读价值的嫌疑。教师阅读属于专业阅读，从专业阅读的视角来看，明确开什么"卷"，懂得如何开"卷"，比阅读本身更具成长价值。所以，我们提倡教师开展真阅读，按照科学的阅读方式进行阅读，如此，才有可能真正实现"开卷有益"。

## 教师阅读需要经历的四个层次

一个人为什么要去阅读？应该是想要知道自己原本不知道的东西。就像路人偶然经过一座神秘的院落时，忽然产生了趴在墙头一看究竟的冲动。这份冲动大概就是阅读的起点，或者说是阅读一本书的开始。但是，这种解释往往是以某次具体的阅读行动为依据，是对阅读进行的狭义理解。那么，从更为宽广的意义上来说，阅读的本意到底是什么呢？我想，应该是实现知识自由，就是让自己成为能够随心所欲使用知识的人，这通常需要完成以下四个层次的蜕变。

第一个层次是储存。我们经常会见到一些读书多的老师，在演讲或者交流时旁征博引、滔滔不绝，名言佳句从嘴里频频流出，一听就知道人家是个博览群书的人。那么，这叫不叫知识自由呢？不叫！知识自由不是说拥有资料的数量足够充分，因为背诵或记忆的文字算不上知识，更不要说是知识自由了。这个层次是实现知识自由的第一步，我们可以称之为储存阶段，就像牛在反刍前储存的食物一样，食物依然还是食物，只不过是被吸纳到了身体的内部。一个不善于阅读的人，通常会停留在这个阶段，以为读书就是为了搜罗好句子，记忆好段落，然后在交流的时候输出给他人。读初中的时候，我写作文就喜欢引用那些从作文选中摘录来的句子，不仅自己觉得很高大上，还往往会得到老师和同学的称赞。正因为如此，那个时候的阅读就是为了寻找精美的句子，还要专门找个本子进行摘抄。为了尽快摘录到更多的句子，在读文章时就会采取快速浏览、紧盯美句的速度模式，最终往往是句子摘录了不少，文章却没有读懂读透，错失了真正的阅读。

　　第二个层次是联结。"联结"这个词的内涵很丰富，包含连接、结合、产生等多重意思，具体到阅读上就是要将读到的内容与现实连接，要结合具体实践对书本内容进行深度的理解，从而能够产生自己的思考、看法与观点。其实，这是将公众知识私有化的过程，书本中的知识是一种公共的认知，是"放之四海而皆准"的常识。这些常识在没有与自己的思想联结之前，是属于大家的而不是个人的，所以谈不上是读书所获，也就谈不上知识的私有。就像那些摘抄本上的名言警句，不过是把公共的东西写在了自己的本子上，本质上还是公共的属性。只有将储存的那些知识像牛一样进行反刍，让公共的认知与个人的思考建立关联，并产生新的认知和体验，才是真正促使知识资源由公共走向私有。实事求是地说，真正的阅读在这一环节才刚刚开始。

　　第三个层次是内化。阅读内化的本质是走向私有，也就是外部知识与已有知识融合并生成新知识。具体来说，就是将阅读资源与生活实际建立科学的联结后，通过一系列重组将外部资源转化为个人私有资源的过程。一份同样的阅读资源，因为阅读者的实践经历、理解层次、接受能力等的不同，转化形成的私有知识也会迥异。举个例子：阅读了陶行知先生四颗糖的故事，有的老师可能会借鉴移植到自己的教育实践之中，借助小红花、奖章等不同的载体实施激励教育；有的老师可能会建立起递进式评价体系，通过不断升级评价阶梯激发学生的成长动机；有的老师可能会潜心研究赏识教育语言策略，建立以赏识为根本的学生教育观念；有的老师可能会由此进入赏识教育理论研究，形成完整的理论与实践策略……可见，阅读知识的内化，是阅读价值生成的关键环节。

第四个层次是建构。阅读而来的知识在内化完成以后通常需要纳入阅读者已有的知识体系，这是一个分类、整合与结网的建构过程。一方面，随着内化知识的越来越丰富，阅读者的知识结构、体系与容量都会被重新整合，形成越来越大、越来越密的知识网络，这就是阅读对于阅读者知识扩容的巨大作用之一。另一方面，知识网络越大越密，其吸附力也就越强，能够精准地"网"住更多新的知识，进一步提升阅读者的阅读体验及阅读兴趣，从而将阅读顺利、愉悦地推进下去，最终成为专业的阅读者。只有实现了"建构"这一层次的升华，教师的阅读才真正实现了知识自由——不是片段式的复制挪用，而是自然而然地用自己的话语进行表达输出。因为，此时的外来知识已经融入个体知识结构，成为教师知识体系中可以自由表达、自主使用的元素，外来者的痕迹已经被擦拭、被融合、被吸纳，表现为教师个体思想的一部分。

为什么教师的阅读会表现为徒劳无功？我想，是因为大多数的教师阅读停留在了储存阶段，既没有与具体的教育实践相联结，也没有进行有效的知识内化与吸收，更不会促进有效的知识建构与整合。这样的阅读，称不上真正的阅读，自然不能帮助教师实现知识自由。

## 真正的阅读都是从"有用"开始

在一次关于教师阅读的调研座谈中，一位新入职的年轻教师分享了自己的阅读经历。由于对教材掌握不够精准，她在课堂上竟然讲错了一个知识点。意识到这个问题后，她感到很纠结——不纠正这个错误，学生就学到了不对的知识，对教师来说就是教学事故；纠正这个错误，就得面向所有学生承认自己教错了，很担心学生会因此而看轻自己。这样的事情又不好意思向老教师请教，以至于她第一次失眠了。为了打发难挨的不眠之夜，她随手翻开了一位名师的著作。这本书是学校送给新教师的见面礼，因为不喜欢读书，她拿回家后就放在了一边。她在书中读到了这样一件事情：这位名师误会了一个学生，对学生进行了错误的批评，事后，当这位名师意识到自己的错误后，马上在班里公开承认错误，向当事学生郑重道歉，并采取了一系列补救措施，没想到，不仅当事学生原谅了这位名师，其他学生也为名师鼓掌。读到这里，她一下子知道自己应该怎么做了，在第二天的课堂上她认真纠正了错误，并向全班学生保证不再犯这种错误。这位老师说，从此以后，她就喜欢上了阅读，习惯了从阅读中寻找教育的妙招和金点子。

我曾不止一次跟老师们分享这个故事，想要说明教师的阅读行为大多会从"有用"开始，只要觉得读书有用了，就有可能走上阅读的道路。那些还没有养成阅读习惯的教师，说不定在哪个不经意间就会尝到甜头而开始正视和关注阅读。今天再讲这个故事，是想探讨这位年轻教师会不会真的从此就养成了阅读的习惯，变成了真正的阅读者。很明显，今天的点燃未必决定未来的永久，如果只是一个小小柴火堆，顶多也就是一时半会儿的光亮，很难成就燎原之势。就像这位老师，因为这次偶然觉得读书确实有用——她就喜欢上了阅读，这句话其实是不准确的，顶多算是喜欢上了这一次阅读的"有用"，距离真正的喜欢阅读还有很长的一段距离，还有好几个台阶需要一步步去走、去攀升。

教师在觉得读书有用之后，通常会进入专业阅读的初级阶段——查阅式阅读。"查阅"在汉语词典中的意思是"抽阅书刊、文件等有关部分"，当教师陷入某种困惑，会选择一些相关的书籍报刊进行精准阅读，以期寻找到具体的解决方案或急需的知识，本质上类似于遇到不认识的字而去查字典。其实，查阅式阅读是教育研究的一种重要方式，特别是在文献梳理中几乎是必需的工具。我之所以将其定义为专业阅读的初级阶段，是站在阅读习惯培养及阅读生活化的视角来谈，是强调其阅读的非自觉、非连续的特征，并非否认它的专业性。从某种意义上来说，具有这种阅读意识的教师已经算得上是爱读书的人了。

当教师致力于某个领域的探索时，就需要系统获取丰富的相关知识，扎根式阅读就会随之发生。扎根式阅读不同于查阅式阅读，它通常不是为了解决某个具体的问题，而是要掌握整个领域的知识体系。这个时候的阅读者一般会对阅读行动进行前期规划，读哪些书，什么时间读，然后启动有计划的阅读。前期阅读大都聚焦于阅读者的有限资源，阅读书目通常较少且不构成体系，但是随着阅读的深入，阅读者会不断发现新的相关书籍，从一本书发现一系列书，从而让阅读行动像扎根一样从某个阅读点开始层层铺开，形成网状的根系脉络。这种扎根式阅读具有强大的力量，可以帮助教师快速成为某一领域的明白人，推动其在这一领域的实践与研究。通常来说，研究型教师一般都会经历这样的阅读阶段或时期，以此来实现专业研究的深入与突破，获得这一研究领域的话语权。

无论是查阅式阅读还是扎根式阅读，从本质上来讲还是因为"有用"在有形无形地成就阅读行动，还不能算是一种自主自觉的阅读。

当一个人的阅读经历与能力达到一定的"段位"时，就会开启一种"散文式"阅读。我们都知道，散文的重要特点是"形散而神不散"，是说无论散文的写作内容如何广泛，表现手法如何灵活，最终都会服务于一定的中心思想。真正的阅读也是这样，看起来读得随心所欲，不分门类种别，但阅读收获都可以为阅读者的知识结构所融。这是因为，阅读者本身建构了足够系统、足够丰富的知识体系，阅读任何书籍的所感所悟都可以被消融于强大的知识中心，慢慢内化为已有知识结构的一部分。这样的阅读因习惯而起，不拘泥于目标，可以说是实现了从追求"有用"到朝向远方的意义，算是高段位的阅读。到了这一阶段，于阅读者而言，才称得上是喜欢上了阅读。

## 推动教师阅读的另一种探索

我们曾组织第二期"三名"工程培养人选做了一次"RAWS"教育演讲。"RAWS"是阅读、行动、写作、研究四个英语单词首字母的组合，即"读写研行"，这样的教育演讲旨在推动教师提高自我表达的能力，往深了说就是探索让阅读价值更大化的新路径。有三点想法，略作分享。

先对演讲属性进行定义。说实在的，"RAWS"教育演讲作为阅读的一种深化行动，与"叙事者"努力推动的教师阅读脱不了干系。"叙事者"对读书价值的探索始于 2016 年，从最初的共读、共写、共研、共享四大团队行动，到建立适合个体成长的"读写研用"一体化专业发展路径，大概用了一年的时间。在接下来的时间里，"叙事者"不断优化"读写研用"成长模式，提出了读写介入、研究提升、实践运用三大策略，引领并成就了一大批优秀教师，《中国教师报》对此做过系统的梳理。2020 年，首期"三名"工程人选培养引入"叙事者"成长模式，分别以"读思用"和"写思用"作为成长作业的基本格式。第二期"三名"工程人选的作业最初也沿袭了这一模式，后期做过微调，有过"读思行"之类的表述。2021 年，"叙事者"的"读写研用"开始转为行政推动模式，在部分学校开始探索教师"读写研行"融合研修项目，尤以明坡小学的探索成效为佳，2022 年开始在区域内推广经验。

梳理这个过程，就可以对"RAWS"教育演讲做一个基于我个人认知的界定：这个演讲应该是将阅读、写作、研究与实践这四个教师成长元素，进行某种行动逻辑上的建构，以体现它们之间的相互作用与支撑。基于这个认知，我可能会这样去建构这次演讲：我在某次阅读中收获了一种感兴趣的做法（策略、理念），然后开展相关的实践探索，通过系统的研究形成了新的做法（策略、理念），然后通过写作进行了物化和外显；我在教育实践行动中遇到了困惑，通过阅读寻找到了解决的方案，通过研究建构了更加有价值的策略体系，然后以写作的方式呈现出来……归结起来说，就是以阅读、写作和研究为方式手段，解决了怎样的实践问题，形成了怎样的策略理念，突破了怎样的成长瓶颈。其实，你的演讲反映了你对演讲属性的理解，反过来也成立，你对演讲属性的理解决定了你的演讲质量。

要从微小处进入具体化叙事。有了演讲逻辑的建构，并不意味着就能呈现一场打动人的演讲。我不太喜欢，更不建议在那么短时间的演讲中追求叙事的宏大，我倾向于去关注具体，就是从具体的、典型的、有独特视角的叙事素材切入，力争以最初的三五句话抓住听众的心，让他们有兴趣听下去，甚至产生一种期待和迫切。比如这样切入代入感就很强：小时候，教室的这个位置都会写着"书籍是人类进步的阶梯（高尔基）"……它会让听众的脑海里立刻浮现出少年时的教室，还有墙上那些已经泛黄的名人名言，甚至听到远处朗朗的读书声。

所谓的具体化叙事，是说不能泛泛而谈，不要面面俱到，要聚焦一个主题深入剖析，即要就具体的人、具体的事、具体的行动去谈思考，要通过具体的事实去构建思想和主张。其实，演讲的语言不必追求华丽，也无须强求文本的整齐对仗和排山倒海般的气势。在我看来，演讲最重要的是思想，如果我们能够用朴素而深刻的语言，将自己的某一种思考凝练地传递给听众，将会收到不错的演讲效果。有的演讲，语句精美，排比不断，单独拿出任何一句都美得足够妖娆，但是叠加在一起，却给人一种空洞与华而不实感，既不能打动人，也不容易将自己的思想传递给他人。假如我去演讲，我会去讲具体的人，说具体的理，谈具体的思考，至少不会做成报告、做成讲话、做成朗诵。

有必要给自己更多尝试的机会。登台演讲的老师可能都会有一种感受，当老师的我们天天站在讲台上，在演讲时竟然会不由自主地紧张，甚至不得不拿出事先准备好的稿子，在一次次的提示下才能勉强完成演讲。这里面的原因有很多，常见的大概有三个：一是不会"备课"，教育演讲需要备课，但是一定不要背稿子，可以把演讲的基本逻辑、大体思路、要点语句整理出来并熟记，然后多次去试讲，千万不要追求每次演讲都一样，比较理想的路子是"越来越好"，也就是试讲一次比一次完美，把最后的演讲当成最后一次试讲；二是太在意预设，有的老师在演讲的时候容易忘词，需要借助稿子来提示，离开了预设的轨道就觉得无路可走，其实现场生成的语言和思想会比预设的更精彩，教师有必要对自己的生成能力进行强化训练，做到遵循预设而不依赖预设，当忘记的时候就去寻找新的表达；三是缺乏临场锻炼，这一点训练起来很简单，经常讲，经常在不同的场合讲，经历得多了内心就强大了，就不至于因紧张而导致脑袋一片空白。

我属于性格内向的人，不太善于表达，但因各种"需要"不得不在各种场合表达自己的思考。讲得多了，慢慢也就能够开口并变得流畅起来。这种训练的要诀就是，每一次公开表达不带稿子，强迫自己现场生成。我参加各种活动从不准备稿子，全部都是在参与活动的过程中梳理出基本逻辑，记住需要讲的一二三点，然后在发言中让嘴巴跟随脑袋去说。这样做的好处很多，比如可以强迫自己全身心投入活动，比如可以锻炼现场提炼思想架构的能力，等等。当然，演讲具有一定的先天性，有人天生就是演讲的料，再加上个人努力很容易成为超级演说家。于大多数人而言，我们的目标并不是"超级演说家"，我们所追求的无非就是能够自由表达而已，这就不需要担心了，只要坚持有意识的训练，我们一定可以做到。

# 怎样让阅读变得真正有用

## 成长之惑

有位年轻老师说，为什么别人可以在写文章时信手拈来地引用读过的书，而自己读过的书时间一长就都忘了呢？怎样才能在写文章时恰切地想起来曾经读过的书呢？

## 突围之道

这是一个令很多年轻教师心存疑惑的问题，别人读的书成为随时可用的知识，自己读的书则大多随风而散了，原因到底是什么呢？其实，这涉及知识的唤醒与联结，也涉及阅读的成果化建构等。阅读成果的转化大概有两个方向，一是读到的知识与已有实践的联结，二是当下的实践与储备知识的联结。这两个方向涉及联结主体的被动与主动，体现了不同的成果获得方式，是青年教师需要了解和掌握的。

## 成果化阅读的短期成长价值

好的阅读者都有一个习惯，那就是边读边思，边思边写。读一本书，其中的一句话突然让你心动，在惊喜、揣摩、反复品味之后，有可能产生两种行为：一是切中当下的境遇、困惑或者实践，得以用书中的知识来诠释、解决或提升，从而形成了新的思考；二是唤醒了沉寂于记忆之中的某种情愫、失误或成就，从而有了新的感受、方案或突破。无论是与当下的共鸣，还是对过去的唤醒，主要的着力点在于让阅读产生了即时价值——阅读与生活建立了紧密的联结。

真正的阅读者还会有更进一步的行动，就是当联结产生以后，会及时把新思考、新收获、新方案等用文字表达出来，形成可视、可传播的物化成果，也就是我们所说的文章。如此分析后，我们可以得出这样一个结论：阅读与写作是不可分离的两种成长行动，只读不写就产生不了即时成果，也会影响长远成果的产生。这个分析还可以帮助我们来理解老师们的困惑——你所见到的信手拈来的引用，也许并不是因记忆而来，而是先遇到了值得引用的素材，然后依据素材展开了写作。如此，这种引用就与记忆无关，也就不存在忘记阅读所获知识的问题。这倒是提出了一种有益的阅读方式，那就是成果化阅读，一种将阅读收获及时形成可视成果的深度阅读。

成果化阅读作为一种专业阅读方式，产生的感悟比传统阅读方式更具深度。比如，莞尔一笑，这是在阅读过程中获得同频感受后的共振式体态语言表达，当然也有强烈共鸣带来的拍手、拍大腿等体态语言表达方式。但无论共鸣强度有多大，从感悟的价值上来说都差不多，顶多实现了瞬间的情感安放，通常是表达的高潮（拍手及拍大腿）过去后，所产生的感悟和后续影响也就消失。再比如批注，这是一种比"莞尔一笑"更深层的感悟方式，至少有了用文字留痕的意识。但是，批注所记录的多是一闪而过的思考和收获，反思的内容比较局限，思考的深度与系统性也不尽人意，所带来的专业成长也就仅比"莞尔一笑"多了一点点而已。

成果化的阅读则不同，它比"莞尔一笑"的简单心动和批注的线性记录更具系统性，其逻辑链条可以归结为"心动—联结—建构—表达"。具体来说，就是读到了"原来如此""就是这样"之类的内容，启动了对相关问题的反思，在反思中与当下的实践或存储的信息建立了联结，从而在不断融合中建构起解决问题的思路、改善实践的方案和优化行动的策略，并以文章的形式进行专业化表达。从最终的成果来看，它不是零星散乱的思考，也不是浅尝辄止的反思，而是一种系统的、深层的、结构性的成果建构。因为阅读中令人心动的一句话，收获了一篇完整的文章，形成了具体的创新方案，这是成果化阅读的价值所在，也是读书短期成果形成的原理。

2009 年，我曾写过一篇文章《教比罚更有力量》，这篇文章后来发表在《中国教师报》，引发了比较大的反响。那时，我刚刚从农村调入一所郊区学校做班主任，那所学校很重视教师阅读，设有专门的教师阅览室和教师定期阅览制度。也就是在那个阅览室里，我从一篇文章中读到了一则故事，大意是北风和南风比赛谁可以让人们脱掉外衣，凛冽的北风越吹人们把衣服裹得越紧，徐徐的南风则依靠暖意让人们主动脱去了外衣。这个寓言故事与我正在面对的一件棘手事情产生了正向联结，那就是如何应对桀骜不驯的学生，我由此悟出了"教比罚更有力量"的教育原则。按照这一教育原则，我对班级里一个正在与任课教师较劲的班干部施加了影响，取得了很满意的效果，最终形成了那篇文章。

由此，我们可以看出成果化阅读的即时成长价值，即在短期内完成从知识输入到成果输出的目标，这也是对"阅读是一种学习方式"的指证和确认。

## 沉淀化阅读的长期成长效益

对于教师来说，阅读既可以引发即时的成长价值，也可以产生久远的累积效益。我们读一本书，除像前面讲到的立刻发生作用以外，更重要的是对未来产生影响。这种影响分为很多个层次，下面重点谈一下两个关键层次。

唤醒记忆层次。成果化阅读的基本逻辑是即时阅读与已有实践产生联结，也就是阅读到的内容直接运用到实践之中。沉淀化阅读则与之相反，其基本逻辑是在实践中遇到困惑时用前期阅读积累进行解决，体现为阅读价值的后期有用。简单地说，我们在教育实践中遇到了难以突破的瓶颈，这份困惑会促使我们集中注意力进行细致思考。当我们将全部思考集中于具体问题时，很容易刺激记忆中与之相关的知识，这些知识可能来源于阅读所得，如此就唤醒了沉睡状态的记忆知识，从而呈现出阅读的长期性效益。从这个角度来说，它是需要一定的记忆能力的，也就是前面年轻教师谈及的"恰切地想起来曾经读过的书"。事实上，一个人读完一本书后，当时印象深刻的内容在不久以后就会逐渐遗忘，这是所有人都会有的共性问题，德国心理学家艾宾浩斯的"记忆遗忘曲线"已经从理论上证实了这一点。所谓的过目不忘，强调的应该是在一定时间范围内的记忆。

那么，怎样的知识才有可能永久存储于记忆之中呢？或者说，能够在需要的时候被唤醒的知识是怎么留下来的呢？其实这是一个将所学知识变成长期记忆的问题，要想说明白这个问题，需要了解长期记忆性知识的三个特点——感兴趣、理解透和反复用。知识记忆与生活记忆不太一样，生活记忆被长久保留的大多是重大的事件，比如重要的幸福时刻、极大的痛苦或者是生命中的关键人物等。而知识记忆一般不会有刻骨铭心的元素，关键记忆点一般是自己感兴趣的知识，并且感兴趣的程度与记忆留存的时间成正比。从科学记忆的角度来说，一个人对某个知识彻底理解了并有了深刻的感悟，这一知识也容易被长期记忆，所以在阅读时注重对内容的深度理解很重要，从某种意义上决定了阅读的品质。当然，让记忆保留长久的最有效方式是重复，那些经常被重复使用、反复提及的知识容易被长期记忆，这一点显而易见，无须多作解释。

修身养性层次。苏轼说，腹有诗书气自华。大致的意思是，一个人读书读得多了，身上会自带一股书卷之气。直观地来理解，就是读书多了，自然而然就会受书本内容影响，一言一行依书而为，形成读书人所特有的言行举止。这句话其实点出了阅读的非记忆价值，阅读对一个人的影响并不都直接作用于具体实践活动，它对一个人的整体形象具有塑造价值。"腹有诗书气自华"强调阅读的久远价值，那就是通过长期的阅读，让知识的精髓一点一滴地凝聚，虽然过程中觉察不到，但最终会留下一个完美的书卷人生。这个过程有点像钟乳石的形成，是一种漫长的、自然的、不断变迁的积淀，如果单纯截取其中的某一段时间来看，几乎看不到任何的价值。这似乎就可以解释青年教师的困惑——读了很多书都忘了，意义何在？你看，看似忘了的书其实也有价值，那就是让自己在"气自华"的路上多了一份沉淀。

当然，要想做到"气自华"不仅需要时间的积累，还需要稳定的阅读状态。就像钟乳石的生成，除了成千上万年的历史，还需要特定的自然生态，于阅读而言就是阅读领域的建设。有的人终其一生都在读书，最终却没有达到"气自华"的效果，除了阅读的深度等因素，没有形成自己的专属阅读领域也是重要原因之一。对于教师而言，自己的专属阅读领域，最好能够与自己的教育实践和研究相一致，借助阅读形成个人在教育研究领域的书卷气，慢慢就可以到达"气自华"的境界。在我看来，丰富的知识沉淀可以让教师信心满满地面对教育，在专业的领域获得权威，这就是教师的"气自华"。

## 如何完整地阅读一本书

"开卷有益"的意思是，只要读书就一定会有益处。这是站在鼓励人们读书的角度来谈阅读，更侧重于强调阅读的意义和价值，其激励性远大于专业性。其实，专业化的阅读远非打开一本书那么简单，它有着严谨的逻辑与策略，概括起来大概包含三个必要环节。

一是翻书。拿到一本书，是逐页逐节按部就班地往下读，还是先做个大致的浏览呢？我想，大多数人的习惯应该是先翻翻书，了解整本书的基本框架和关键内容，然后才进入正式阅读环节。其实，这个"翻翻书"是专业阅读的第一步，对于整本书的阅读具有独特的意义。首先，翻书能够帮助阅读者对这本书产生亲近感，就像走路一样，越熟悉的路走起来越觉得通畅，这就是"亲近"带来的心理效应；其次，翻书能够为阅读者带来安全感，在阅读过程中偶尔蹦出的眼熟内容能够减少阅读压力，让人获得轻松愉悦的阅读感受，让阅读变得不再孤独；再次，翻书可以让阅读行动产生价值感，通过大致浏览一本书的基本内容，可以大致感受其价值和意义，从而产生阅读的动力和激情，这应该是翻书最重要的一个作用。其实，翻书这个环节属于阅读的前奏，前奏丰富了、多彩了，接下来的阅读过程肯定就不至于单调和枯燥，所以翻书是不能省略的阅读环节。

二是读书。在对书的内容有了大致了解且觉得有阅读的必要后，接下来就是最重要的阅读环节，这是阅读一本书的关键。我们所说的读书，不是简单地读文字，也不是单纯地读句子，而是读知识、感悟和思考。书本本身只是一种饵料，阅读的意义在于通过这些饵料获得高远的情感和思想，钩钓出文本之外的深邃。所以，阅读是一种思想的长跑，书本是跑道，思考是力量，思想的升华和情感的洗礼是远方。但是，阅读者与跑步的人又有所不同，跑步的人可以只顾风雨兼程、勇往直前，阅读者则需要边跑边记下路上的精彩，也就是我们所说的心得、体会和感受。我建议每一位阅读者都要养成随时思考及时记录的习惯。批注是阅读的极好助手，边读边思边记，才有可能完成一本书的思想长跑，也才有可能将书中的精彩、思考的精髓用文字进行筛选，实现将一本书读厚再读薄的目标。

三是背书。这里所说的背书，不是古代私塾里的那种摇头晃脑，不是任务驱动下的死记硬背，而是对精彩内容、典型知识的反复咀嚼和消化。读书过程中的批注可以帮助阅读者发现精彩。当一本书读完，可对诸多的批注点进行对比，筛选出书本中最具价值、最有意义、最感兴趣的部分，开展反刍式的反复阅读，逐渐拓展首次阅读时的批注内容。这种拓展可以从两个维度进行：一是改变原来的思维视角，从多角度重新进行系统思考，尽可能全面地实现对内容的再次建构；二是加大原来的思维深度，沿着原有思维方向继续向前推进，逐步迈向事情的本质和内核。这两个维度的拓展，都会涉及对重点内容的不断回读、反复揣摩，从而实现对阅读材料的理解性记忆，这可以算是对"背书"的一种定义。背书是让一本书价值高度彰显的法宝，没有真正意义上的背书，也就没有真正意义上的阅读。遗憾的是，很多人都缺少了这个关键的环节。

阅读一本书，始于翻书、精于读书、成于背书，这也是教师提升阅读力的训练路径。

# 教育写作的动力源在哪里

## 成长之惑

有位青年教师说，在听了您的教师成长讲座之后，我心潮澎湃了起来，特别是关于教师写作的话题，引发了我开始写作的欲望。坚持了一段时间之后，因为工作的压力加上生活的琐事，我就中断了。我发现，自己就是这个样子，每次见别人成功，我就会有一阵子的"奋发图强"，但这种激情往往持续不了多久就会烟消云散。我十分困惑，像我这样不能坚持写作的人怎样才能走上写作之路呢？

## 突围之道

教师是容易被点燃的，不容易的是一直燃烧。也就是说，教师并不缺少写作的激情（或者说冲动），而是缺少持续写作的动力，这应该是一线教师比较普遍的成长现象。我觉得，要想让青年教师走上持续写作的道路，应该从内因和外因两个方面去努力，通过对教育写作的价值认同、责任认同、溯源认同等，实现内驱力与外驱力的同步建设。

## 弄清楚动力的底层逻辑

从底层逻辑来讲，动力的来源是什么？可能有这么两点比较典型：一是解决自己的痛苦，二是追求内心的快乐。一个人如果有十分大的痛苦需要去解决，可能会产生比较强大的推力。同样，一个人若是有特别强烈要去追寻的快乐，就会产生比较强的拉力。而那些既不特别痛苦，也不特别喜悦的人，会因推力和拉力的双重缺失而游走在人生的中间状态。这种状态我们通常会用普通、平凡、安逸之类的字眼去描述，在很多时候也可以看作是平庸。但凡有所成就的人，要么是解决痛苦的强者，要么是追求快乐的勇者，绝对不会处于中间状态。对于写作者来说，也是如此。

解决自己的痛苦。有一个寓言故事留给我深刻的印象：主人家的一头驴掉进了井里，主人想了好多办法也救不上来，看着年迈体衰的老驴，主人觉得没有必要再花费精力去救它，于是便找来人往井里填土，打算把这头驴直接给埋在井里。这头驴无比伤心痛苦，但是它并没有消极等死，而是不断抖掉身上的土，将土踩在脚下，就这样，随着填入井里的土越来越多，驴子距离井口也越来越近，最终一跃跳出深井，获得了自由。人生总是起起伏伏，难免会遇到挫败、打击或者是不如意，当这些遭遇不期而至时，如何选择就决定了人生的状态。痛苦是一把双刃剑，可以伤人也可以成就人，关键在于如何去面对。就像故事里的驴子，面对想要埋掉自己的泥土，是绝望地接受还是奋力地挣脱，也就决定了自己的命运。同理，一个人面对痛苦和磨难，如果选择了逆来顺受、一蹶不振，也就选择了颓废和失败；如果选择了坦然面对、理智化解，也就选择了可能与未来。由此，一个人有没有解决痛苦的意识和能力，是衡量其人生品质的关键。

我们重新回到写作动力上来——在众多写作者中，有不少老师的写作动力就是源自解决自己的痛苦或烦恼。当一个老师被班级里不断出现的学生问题所折磨时，往往就会生出焦虑、不安等情绪，时间久了就会心生厌倦，就会感到痛苦不堪。这个时候，通常有两条路可走：一是被痛苦压倒，滋生破罐子破摔的颓废心理，然后慢慢迷失、逐渐消沉，成为一个碌碌无为的平庸者；二是积极寻找解决痛苦的方法，通过自我修炼、提高能力等方式，将自己从消极中拯救出来，成为一个积极的进取者。自我修炼和提高能力的方法有很多，写作是根基性的一个，也是老师最常用的。随着问题被用文字描述出来，情绪得以慢慢平复，问题脉络也得到了清晰的梳理，进而寻找到解决方法，由此问题得以解决。这样一来，老师就会尝到习作带来的"甜头"，就有可能走上专业写作之路，并在写作中不断汲取到丰富的动力，从而提高自己的教育教学能力，走上专业发展的道路。

追求内心的快乐。快乐是动力之源，如果有一种快乐存在于远方，那么追寻快乐就会成为幸福之旅。童年时期，没有现在的取暖设备，农村的房间极冷，用一夜才捂暖的被窝是最值得留恋的地方。周末不用上学，也就意味着没有足够的压力将自己从被窝中撵出来，睡懒觉是一种几乎无法撼动的习惯。但是，知道要去走亲戚或者赶集，所有的人都会迅速从温暖的被窝里蹿出来，快速换上因凉了一夜而冰冷的棉服。这份动力从哪里来？快乐！走亲戚或者赶集的快乐，足以超越对寒冷的畏惧，也就有了行动或改变的动力——内心有了值得的快乐，生命就有了不竭的动力。

绝大多数写作者，内心里会把写作当作一种快乐，并在写作中不断发现快乐。我们前面说到的"解决自己的痛苦"，从本质上讲只是动力制造的一个阶段，当一个人为了"解决自己的痛苦"而走上写作道路后，慢慢就会将写作坚持为习惯，甚至可能培养成兴趣。当写作成为一种习惯或者兴趣以后，其实就到了"追求内心的快乐"阶段，这也是写作动力最终极的来源。当然，这里所谈的底层逻辑问题，是从宏观上来分析动力以及来源，具体的实践性策略，在后面分别解释。

## 责任是一种重要的内驱力

教师是和写作最近的职业，也是亏欠文字最多的群体。

从理论上来说，教师是除作家这个以写作为生的职业以外，最接近文字的职业。这是由教师的社会形象和职业需要共同来决定的——教师的文化人形象决定了成为写作者的必然性，教师的育人功能则决定了成为写作者的必要性。在大众认知里，"腹有诗书气自华"是教师的标配，"笔落惊风雨"是教师的基本功，这种公共认知勾画了教师群体善于写作的社会形象，也催生了教师"下笔如有神"的社会期待。从教师职业的本质来说，教师需要不断进行自我建设，才能与学生和社会的发展相匹配，而自我建设的主要手段和工具就是写作。教师需要通过写作来反思实践、总结经验、凝练成果，从而获得与时俱进的、鲜活的教育能力。

但是，理论与现实之间总是存在着沟壑一般的距离。社会与职业对教师群体寄予了写作的厚望，教师的写作现状却很不理想，没有独立完成过一篇像样文章的不在少数。我所说的独立是指，不靠网络搜索，不靠裁剪嫁接，不靠东拼西凑，而是遵循自己的内心、用自己的脑子来表达。现实的情况是，当一个老师需要写一篇工作总结，或者要提交一份比较规范的文件时，头脑里冒出的第一个想法便是——搜索，下载到相关的文章之后，进行深浅不一的加工改造。

　　教师为什么不愿意写作？原因很多，我在很多文章中都做过解读，不再赘述。在这里，我想剖析另外一种心态，那就是对生活和职业的幸福感追求。对幸福的感受，大多倾向于自我的——如果一个老师追求稳定、舒适的教育生活，就会将完成工作任务又不"劳其筋骨"作为工作标准。这样的标准会让老师主动避开压力，远离那些可做可不做的事情，比如写作。在现有的教师评价体系里，写作是属于"可做可不做"的那一类，如果做了会产生更好的结果，但不做也不会立刻带来不利的后果，甚至可以说并无副作用。如此一来，当一个老师上完自己必须要上的课、批改完作业之后，要不要通过写作来实现实践经验的提升就显得不那么重要了。我没写作，也没妨碍我成为名师，这是很多优秀教师的内心独白。

　　还有另外一种可能就是，像写作这种可做可不做的事情，有的老师会选择主动放弃或屏蔽，并且心安理得。他们知道写作的意义，也懂得写作可以让自己的教育实践更上一层楼，甚至可以为他们带来丰厚的回报。但是，他们同时也觉得，此时此刻我就是幸福的，不需要更多的证明，那么我为什么还要写作呢？我放弃并不会影响其他人，为什么不能心安理得地做个"普通人"呢？这也属于降低幸福标准带来的弊端，一个人将自己的追求降低了，也就同时降低了动力和自驱力。

法国作家阿尔贝·加缪说："幸福不是一切，人还有责任。"意思是说，自我的幸福不是人生的全部，还有对他人的责任。教师更是如此，其在制定幸福标准时，不能仅将自己的感受和得失作为标准，还要考虑教师对社会特别是学生的责任。当教师把"成为更好的老师"作为一种职业责任时，就会有强烈的成长意识，就会把专业写作看成是自己的责任，义不容辞且坚持不懈。而当一种行为成为责任时，也就衍生出了无穷的力量，那种无比纯粹、无限生长的内在力量。当一个人倦怠了写作时，会不会有一种渴望成长的力量涌现，这是衡量是否将写作看作一种责任的标准，也是写作活动得以坚持下去的关键动力。

时刻记得，写作的意义不只是带给教师成功和幸福，更是在履行教师对社会和学生的责任，带着这种责任感，教师的人生才会动力无穷，才会走向教师成长的自驱模式。

## 从目标中寻找写作的源动力

就教师写作来说，要有一个清晰的写作目标——要知道自己为什么而写，要写到什么样的水平，最终写到哪里去。可能有人会说，那岂不是过于功利了吗？写作不应该是顺其自然地表达吗？怎么可以为了某种目的而写呢？是的，就写作本身而言，的确是一种"私有"行为，每当感觉有话要说时就可以写出来，就像"小倚篷窗，写作思家曲"般自然随意。但是，专业性的写作除"感到要写"时再去写以外，还需要有刻意写作。教师写作就属于专业性的写作，通常需要通过刻意努力才能实现。比如，刻意的写作训练，刻意的技能提升，刻意的写作规划，等等。这其中，刻意明确写作目标是第一步，不能忽视，更不能忽略。大致来说，教师写作需要从以下几个方面确定目标。

写什么类型的文章。有的老师写得很勤奋，表达的方式却很随意，往往耗时费力却见不到想要的结果，这足以说明选择适合自己的写作方式很重要。其实，每个人都有自己擅长的写作领域，有的可能擅长写叙事随笔，有的可能擅长写案例总结，有的则擅长写学术论文。当然，这份"擅长"不是天生就知道的，需要教师在初涉写作时进行不断尝试，慢慢找到适合自己的文章类型，然后经过漫长训练形成个人的写作领域。我给老师们的建议是，当你打算开启写作之旅时，先别忙着奋笔疾书，而是去读几本主流教育杂志，或者去读一些优秀的教育类报纸，在领略不同栏目、不同类型的写作文体之后，筛选出来自己喜欢又适合自己的进行尝试，最终确定个人愿意长期坚持的写作类型。这个过程就是确定写作方向的过程，也是帮助大家少走弯路，尽快走上专业写作的必由之路。

对标什么样的风格。在明确了自己要去写什么类型的文章后，就需要大致知道自己要朝着什么样的风格去写，甚至可以去想象自己未来的写作风格。一个人在某类写作圈子里待久了，就一定清楚这个写作领域的杰出人物，并对其写作风格了然于胸。这个时候，老师们就可以找到自己喜欢的人，然后大量阅读这个人的作品，读得多了、久了，这个人的作品就慢慢浸润到你的精神世界里，其语言的技巧、表达的智慧、逻辑的建构等都会对你造成影响。我觉得，在写作初始阶段，老师们需要去对标一个自己欣赏的优秀作者，把其作品揣摩透，把作品中最内核的东西挖掘出来，然后有意识地去模仿和借鉴，这很利于个人写作能力的快速提升。比如，你若是选择把教育叙事、教育随笔作为写作的"主攻"方向，那么苏霍姆林斯基就是一个很值得对标的大师。事实上，优秀的人大多是因为受到了优秀的影响才变得优秀，从这个角度来说，在写作初期对标怎样的优秀，就成为一种十分重要的写作规划，会深刻影响个人写作风格的形成。

成为什么样的作者。确定要去写作的文章类型，是在寻找个人写作之路的大方向；对标优秀作者的风格，是在将大方向进行目标化。在此基础上，我们就可以大体勾勒自己的未来——我要成为一个怎样的写作者，写什么类型的文章，追逐什么样的写作风格，更重要的是如何成为独立的写作者。每一个写作者都是独立的个体，我们可以选择与别人一样的路径，可以欣赏并靠近别人的风格，但我们绝对不能成为别人的复制品。我们需要有独立的思考，有独立的产出，有独立的人生。我们从模仿和借鉴开始，但不能终于模仿和借鉴，所有的模仿和借鉴都只是人生的垫脚石，是为了让自己走得更快，并在行走中发现并成就更好的自己。一个真正的写作者，大多会在初期就要进行自我规划，从而获得清晰的未来和远方。

其实，目标就是自己的渴望，当一个人的愿望特别强烈、动机极度明确时，就会彰显出巨大的吸引力，动力也就会自然而然地产生。具体来说，目标的基本功能有两个：一是不断地提醒自己需要去做什么，直到把目标变成心心念念的"心头事"；二是不断地提供前进的激情和动力，让那些看似遥远的事情变成"手头事"。一件事情一旦成了"心头事"和"手头事"，被坚持、被努力的可能性就大了许多，成功的可能也就有了，而这些都需要依靠目标带来的源动力。

## 不要忽略关注的力量

目标是内在的，属于自我建设的内容。当一个人有了坚定的追求时，可以产生强大的行动力，有目标的人和没有目标的人表现出来的人生状态一定不同。但是，目标的这种内在属性也存在很大缺陷，那就是需要很强大的自制力去坚持。而人是缺少自制力的，或者说缺少持续的自制力——短期内持续做一件事并不难，长期去做则就难于上青天。所以，对于一个写作者来说，在确定了清晰的目标之后，接下来的问题就是如何坚定地写下去。换句话说，就是如何找到可以持续存在的支持力量。方法有很多，在这里我想谈谈"关注"的力量，就是如何借助"关注"获得支持外力。

让内在的目标刻意外显。如果一个人将奋斗目标内隐于心，可能守着守着就没有了动力。写作这件事情更是如此，很多老师在听过讲座或见证别人的成功后，心里就会"痒痒"着要如何如何，在内心里建构起一个宏大的写作计划。但是，写着写着就没有了动力，惰性就会战胜激情，大多数"半途而废"都是这样造成的。这个时候，如果将内心的目标公开出来，让隐匿的自我激励变成公开的外力监督，就很有可能"逼"着自己坚持下去，从而变成行动的外力。这就是我多年前提出来的一个观点——人必须逼自己一把。当一个人把自己的写作计划讲给自己在意的人，或者是表达给能给自己带来压力的群体，就带有了些许破釜沉舟的悲壮，这份悲壮就可以产生力量——我不能失信于某某某。我在一线做教师时，曾为自己定下了每天一篇教育叙事的写作计划，我的学生就是最重要的监督者，因为我在班级里公开过自己的计划，并邀请他们监督。每当要懈怠时，总会有个声音告诉我：你要是食言了，还怎么去要求学生呢？于是，也就一步步坚持了下来。

让行动过程不断被围观。我们每个人都不愿意生活在单极的世界里，需要旁观者的在乎、目送者的赏识以及善意者的成全，简单地说就是"被围观"。被围观意味着不再是独行之人，我们就有可能在他人的注视中乐此不疲地奔波。写作是一件很寂寞的事情，也是一种孤单的前行，有很多有志于写作的人就是败在了这份青灯孤影般的孤独上。所以写作需要分享，需要被更多的人围观，需要在人与人的互动中化解成长的束缚和牵绊。在我写作之初，博客正在慢慢为人们所接受，我是属于较早开始写博客并坚持下来的那群人。可以说，是博客让我的文章得以公开，是众多博友的评论留言鼓励我越走越远。直到今天我还记得，每当写完一篇文章发布到博客上，几乎不到半个小时就要登录一下博客，看看多了几个读者，有没有朋友留言，要是有人转载就会兴奋到无法入睡。这就是围观的力量，也是我们需要去借助的力量。在自媒体兴盛的当下，这份力量更加容易获得，值得每位写作者去尝试，将自己的作品更多地分享给他人，让更多人来围观你的行动。在漫长的行走过程中，能够抵御惰性、单调、枯燥的，也许只能是这种有意识的、主动的被围观。

让努力被专业力量看见。一种行动要想不断获得力量，需要一份成功的认可。在很多时候，阶段性的成果不仅可以吸引他人的目光，也可以聚起自我的内省与激励。在写作者这个群体中，有一种现象很值得去思考：一个人一旦发表了一篇文章，就会有越来越多的文章发表，写作的动力和质量都会以几何级数增长，最终就有可能在这个领域取得一些成就。这就是被看见的力量。写作者最大的愿望是什么？那就是自己的作品能够被专业的平台认可，报刊就是写作者梦寐以求的专业平台，作品的发表就是被认可、被看见。我第一次到外地做讲座时，只是个普普通通的农村数学教师，之所以会被省外的学校邀请做教师写作方面的讲座，就是因为《人民教育》杂志连续发表了我的系列教育叙事。这样一个专业平台的认可，让我有机会被更多的人看见，也让我有了坚持教育叙事写作的激情和动力。对于教师来说，受限于工作和生活的空间，很难获得展示的机会。当个人的作品被专业平台广泛传播时，就相当于扩大了成长的空间和地域，得到了更多、更深邃的关注，这是一种很了不起的力量，或者说是机遇。

心理学上有一个著名的"霍桑效应"，是说那些意识到自己正在被别人观察的个人具有改变自己行为的倾向，并且会由于受到特别的关注而引起绩效或努力上升。这也从理论上论证了"关注是一种力量"，作为写作者要善于借助这份力量，帮助自己跨过努力的艰涩、前行的暗淡以及旅途的漫长。

## 写作，让每件事情多出很多意义

当下，教师不会写、不愿意写的现象普遍存在，这是很值得我们去思考的。教师为什么会远离写作呢？最基础的原因在于对教师写作价值的误解、错解或不解，也就是不清楚教师写作的底层价值。

教师写作的底层价值到底是什么呢？我们来看一篇文章的写作过程：放学的时间已经过去一个多小时，校园里开始变得安静下来。班主任李老师路过教室时看到调皮鬼小涛正一个人打扫卫生，便问他怎么一个人值日，小涛回答说自己并不是值日生，只是放学后回来拿落在教室的篮球时发现值日生没打扫卫生，他便一个人干了起来。李老师觉得小涛的表现出乎自己的预料，便好好夸奖了小涛几句，然后便离开了。这件事情如果到此为止，就是教师每天都会遇到和经历的常规。如果有了写作呢？那就大不一样了。

如果李老师有写作的习惯，他会在夜深人静的时候仔细回忆、梳理、记录整个事件。这个过程中，他会沉浸于自己与小涛的交往，他会不自觉地反思自己带给小涛的教育，他会懊悔自己曾经对小涛采取的不理智行为，他会因今天的偶然发现而改变对小涛的看法，他会预想以后对待小涛的态度，他甚至可以由此得出应该用什么样的眼光去看问题学生，他或许从此走上了问题学生的艺术教育之路，开启一种新的教育生活……从经历一件事到写成一篇文章，其间会有无数预想不到的可能发生，会有数不清的机会，会有丰富的价值涌出。写作就像和面时倒入的温水，虽然本身并没有傲人的璀璨，却可以让那些原本普通的变得丰盈而珍贵，这就是写作。

如果李老师有持续写作的习惯，那就更加不一样了。他可能会把每一天的关键事件都记录下来，持续地反思、递进地改变，在"记录—修正—行动"中不断优化自己的教育实践。水滴石穿讲究的是坚持和连续，任何一种不间断的习惯都具有巨大的力量，持续的写作也是如此。很多优秀的教师就是在持续写作的推动下，实现了从普通到优秀的跨越，仔细留意你就会发现很多这样的榜样。除此之外，还有一种可能，那就是对一个人、一件事持续跟踪，比如李老师可能会启动对小涛的持续观察，并在反思改进中实现对一个问题学生的深度剖析，并以此为样本形成问题学生的教育艺术，那种普适的、接近理论建构的艺术化策略。

这样看来，教师写作的价值就不能够从某个维度上去探讨，也不应该着眼于具体的某种获得来界定。我们通常说，教师的写作可以帮助教师提高思维能力、表达能力，提升教育教学能力、科学研究能力，系统梳理经验、凝练成果，涵养性情、孕育情怀……这些都是教师写作的价值，但只是其中的一种视角、一种逻辑，没有表达出其全部。

在我看来，教师写作具有十分强大的催化功能，遇到不同的介质就会催生出不同的可能。这些可能性是无法预知的，数量与质量都会因人、因事、因情境而变化。所以，教师写作的价值就在于，它可以让每件事情都多出很多意义。很多，代表不确定性，而这种不确定性正是教师写作的力量所在，也是价值所在。

教师承担着向未来传递优质思考与深邃精神的使命，善于借助文字的载体落实文化传承，是为师者的职业修炼，更是为师者的责任担当。祈愿越来越多的教师走上写作的道路，用文字搭建起专业成长的阶梯。

# 如何才能走上专业写作的道路

经常会有老师发问，我写文章好多年了，为什么总是达不到满意的效果？既没有人喜欢读，也没有报刊愿意采用刊发。

关于教育写作，很多教师容易陷入以下误区：一是认知误区，在有些老师看来写作就是自由地自我表达，可以想到哪儿就写到哪儿，想怎么写就怎么写，甚至以此为写作的崇高境界；二是行动误区，以为写作全凭兴趣，不需要刻意的努力和坚持；三是价值误区，对教育写作的价值分析不到位，将专业写作与兴趣爱好混为一谈，不能从教师生命成长、专业发展的高度去理解写作的价值。教师要想真正走上专业写作的道路，以上误区的突破是关键。

## 一篇好文章的三个关键词

教师的教育写作属于专业性写作，有其必要的表达要求。简单来说，一篇好的教育文章至少应该满足以下三个关键词。

第一个关键词，有价值。我们打算去写一篇文章时，必须很清晰地知道它的价值在哪里：一是要明确写作的目的是什么，是要解释基本规律还是要创造新的理论；二是要预设文章带给读者的可能感受，期望对读者产生什么层次的、哪些方面的推动。简单地说，就是你要写的文章必须有用，那种老生常谈的、人云亦云的话题，那些没有丝毫创造性的言论和主张，不会带给读者新鲜感，自然也就无法吸引读者。从这个意义上来说，写作属于创造性劳动，需要有一定的价值输出，凡是不能产生价值的"写"都算不上真正的写作。所以，有价值是教师写作要追求的首要目标。

在阅读教师撰写的文章时，师生相逢是被记录较多的事件。一个做了多年教师的人，一定会在某个时刻与曾经的学生相逢，也一定会有相对充分的情感交流。比如，聊聊过去的校园生活，谈谈班里某一个同学的现在，说说自己现在的生活境遇，等等。有的老师习惯于把整个事件记录下来，洋洋洒洒写很多，师生对话几乎一字不落。这样的文章，就会给人千篇一律的重复感，让人看不到作者想要表达的核心观点。我也曾写过一篇师生相逢的文章《教育到底能做些什么》（《人民教育》2011 年第 19 期），相逢及对话场景并没有什么特别之处，但我抓住了学生的一句"我们很多人上学是没有用的……"作为切入点，从本质上解释了教育在学生成长中应该具有的作用，从一个崭新的角度诠释了大家习以为常的基本规律，这就让文章具有了其他师生相逢类文章所不具有的独特价值。

第二个关键词，有逻辑。有的老师写文章很像是"漫谈"，往往是刚刚说到一件事，又毫无征兆地说起另一件事，让人很难跟上作者的思绪。这样的文章读起来很累，容易让人晕头转向找不到南北，更遑论与作者产生共鸣。写作是一个收集、加工、输出信息的整体系统，一篇好的文章应该建立以读者为中心的表达系统，也就是要有逻辑性。文章逻辑建立的关键在于框架，也就是搭建符合文体特点的叙述结构，如总分总结构、并列结构、递进结构等；文章逻辑建立的重点在于传递链条，也就是用什么方式让文章框架的各个环节建立恰当的关系，确保各个部分既相互隔离、不重合、不黏滞，又能够一气呵成、畅通无阻。

作为一个坚持写作的教师，在文章逻辑建构方面可以慢慢形成自己的习惯。我写教育叙事已经有二十多年的时间，在最初的时候，我的写作有些信马由缰，喜欢让文字跟着自己的情绪走。这种状态下写出来的文章，感性有余，理性不足，读起来情感四溢，但不能带给读者思维的营养。为了追求文章的逻辑性，我开始关注文章的整体架构——为了说明某个问题，我将从哪些方面开启表达，最终形成什么样的观点。慢慢地，我形成了自己的写作风格，也就是三段式的教育叙事——故事＋反思＋主张，建构了教育叙事的基本逻辑，即撰写一个故事，基于故事进行反思，在反思的基础上形成自己的理解和主张。这样一种叙事逻辑，不仅让我的文章烙上了鲜明的个性，也确保每篇文章都做到了清晰、流畅和理性。

第三个关键词，有美感。我所说的美感，绝对不是指那些华丽的辞藻和精美的语句。有的老师写文章喜欢妙语生花，拆开来看每一句都很唯美，组合起来却空洞无物，就像是一个衣着鲜艳的粗鄙之人。我所说的美感，既包含前面的两个关键词所要实现的效果，比如新颖的观点、鲜明的主张等，比如严谨的逻辑、通畅的连接等，也包括语言表达上的新鲜。也就是说，一篇文章的美，在于价值、在于逻辑，也在于语言。价值和逻辑在前面已经说过，我们重点来谈语言的美感。

我们说，好的语言表达是美的，这个美不是外在的漂亮，也不是形容词的叠加，它可以从以下三个方面来实现：一是朴素，真正的美一般不需要大红大绿来烘托，而是通过简单、干净和纯粹来淬炼，也就是"清水出芙蓉，天然去雕饰"；二是深刻，就是用最简单的文字来表达最鲜明的道理，确保每个文字都蕴含着丰富的灵魂和足够的思想；三是新颖，善于将习以为常的内容用新的方式表达出来，也就是语言的陌生化。当然，陌生化的语言是文章的点缀，不可过多，过多就会泛滥，也就失去了美感。一个善于运用语言的人，往往会在一段长长的朴素之后，不经意地嵌入一两句只可意会的语句，从而让文章大放异彩。文学大家的文章，大都有这样一个共性。

一篇好的文章，价值是灵魂，逻辑是骨骼，美感是肉体，缺了哪一样都不完整，少了哪一份都不完美，我们都应该朝着这个方向去努力。

## 给教师的三点写作建议

接下来，我想从写作的坚持与精进这个方面，给出三点建议。

从能够写下去开始。绝大多数年轻教师都有类似的困惑，想写文章，却总也写不好，更坚持不了多长时间。这看起来是写作能力和质量提升的问题，实则是写作启动方法的问题。也就是说，要想走上写作的道路，首要的是开始去写，重要的是能够写下去。其实，不仅是写作，做任何事情，进入任何一个领域，在最初的时候都会有做不下去的痛苦。这个时候，想尽办法"踢开头三脚"，并顺畅地坚持踢下去，事情可能就已经解决了一大半。

那么，怎样才能让开头变得不难呢？我在前面曾经讲过"逼自己一把"的个人做法，如果把这个具体的做法进行凝练，可以形成如下经验：一是要对自己发个誓，在某个周期内必须写出一篇文章来，比如每周一篇或两周一篇，这个可以根据自己的情况来定；二是要逼着自己兑现誓言，一旦写作周期固定下来，就要设法让自己履行誓言，比如将誓言告诉自己最在乎的那个人，在某个范围内公开自己的誓言，等等；三是不断自我强化写作的意义和价值，包括有助于成长等远景价值，也包括完不成任务会被最在乎的人轻视等眼前尴尬。这种往复循环的努力，可以不断给自己加压，成为走向写作的底层动力。在这个阶段，不要在乎写作的质量，可以信马由缰地遵循自己的内心去写，要树立一种意识——只要能够写出来就是成功。

在刻意练习中变好。靠誓言诱发的写作动力可以帮助自己开始并坚持写，但这种动力持续周期一般不会很长，因为压力不是好的动力来源，被欣赏才是，它是正向的、富含营养的。所以，在完成了写下去的任务后，接下来就是尽快写出好文章，让他人的认可成为继续坚持写作的支撑力量。可能你曾读到过一些名人的写作建议：要抛开功利，要为写作而写作。我可以很负责任地告诉你，别信他，我相信他在起步阶段也是靠着他人的欣赏坚持下来的，只不过他现在不想告诉你真相罢了。

那么，怎样才能变好？我觉得最有益的做法就是进行刻意练习。所谓刻意练习就是，首先要知道什么样的文章是好文章，然后有意识地朝着好文章去努力。有些老师之所以写了多年文章却没有什么长进，写作水平止步不前，就是因为没有"什么是好文章"的概念。刻意练习的方法有很多，从模仿开始是比较有效的方法之一。比如说，有的老师会把自己看中的文章背下来，隔上一段时间后进行默写，这样就可以借鉴到文章最精髓的东西。在这个方法里，"隔上一段时间"很重要，这是一个拉取骨架的过程，如果背诵之后直接默写，那就成了抄袭或者复制，也就失去了"练习"的作用。

依靠坚持成为习惯。无论是压力还是欣赏，这种外力的作用都不能终生有效。要想成为真正的写作者，就必须养成写作的习惯，让写作成为自然而然的事情，成为不需要任何外部因素提示的习惯性行为。从这个意义上来说，这三个建议之间有着一个递进逻辑：先是借助外来压力逼自己去写，然后通过质量提升激励自己去写，最后就是去掉外来的所有力量，让写作成为一种本能、一种习惯。

从行动到习惯的养成过程中，坚持是最重要的因素。天天写，时时记，不仅可以提高写作的质量，还可以强化并稳定习惯。俗语说，三天不念口生，三年不做手生。我们都有类似的感受，再熟练的技术，如果疏于练习，一段时间以后就会变得生硬不堪。就像那个"唯手熟尔"的卖油翁，让他三个月不卖油，再去倒油，估计就会洒满一地。所以说，让写作成为一种习惯，并不是简单的口号或美好的向往，而是脚踏实地一步步走出来的兑现。凭我的感受，如果有一个月没有写文章，再拿起笔来时自己就会觉得恐惧，写起来就会有生硬感。坚持一段时间之后，这种恐惧就会消失，自信就会恢复。

以上是我的一点建议，由心而言，未加雕琢，送给你！

## 教师专业写作的常见方式

我一直在强调一个观点：教师写作不是为了当作家，而是为了推动成长。所以，我很愿意看到教师进行专业写作，并将专业写作作为个人成长的重要手段。那么，什么是专业写作呢？这并没有一个统一的定义，不同的人有着不同的观点。我觉得，所谓的专业写作就是指向成长的写作，它与普通写作的重要区别就在于是否具有反思的过程。可以说，反思是专业写作的识别性特征。教师专业写作的形式有很多，简单介绍几种常见的。

教育叙事。即在叙述故事的基础上，通过对故事进行反思和感悟，揭示内隐于其中的教育经验和理念，从而发现教育本质规律和价值意义，其本质就是讲教育故事。这里的"讲教育故事"可以有两个层面的理解，一是讲有关教育的故事，二是讲有教育意义的故事。但无论讲哪种类型的故事，其目的都是借助故事进行反思，从而在反思中获得专业成长。从实践来看，教育叙事是一线教师最容易入手、最容易坚持、最容易沉浸于其中的写作方式，相对于其他理性有余的问题，教育叙事更具有温度和情感，是教师写作初期的主要表达方式。

教育案例。即依据一定的教育目的，把教育教学实践中真实的情景加以典型化处理，形成可供思考和决断的背景材料。教育案例研究对教师成长十分重要，概括起来体现在两个方面：案例是教师独特的反思载体，具有明确的反思路径和基本形式；案例是理论联系实际的桥梁，一头是典型的教育实践，一头是系统的教育理论。也就是说，撰写教育案例是教师进行专业写作的专有训练方式，是帮助教师从实践走向理论的重要方式。教育案例与教育叙事相比，理论性更强，是教师进行专业写作的磨刀石。

教育论文。教育论文是教师实践经验、疑难困惑、思维成果的有效表达，是教师教育教学成果的物化方式。相较于前面两种方式，教育论文对写作能力要求更高，难度也更大，需要教师具备一定的反思能力和理性表达能力。当下，一线教师普遍重实践轻反思，在论文写作方面尤其薄弱，这是阻碍教师走上更高发展阶段的核心问题。所以，强化论文意识，逐步培养撰写教育论文的习惯和能力，是推动教师从实践型向研究型转变的关键。

课题研究。课题研究是教师实践经验理论化、规范化的一种重要手段，也是教师真正走上专业发展的必要路径。可以说，没有真正有效的课题研究，教师很难成为专家型教师，也很难在理论领域获得成就。但是，受功利思想的影响，中小学教师的课题研究假大空现象比较严重，研而无用、研而不用成为一种常态。因此，增强课题研究的实效，鼓励能够真正推动教育教学的真研究，成为当下最为紧迫的任务和工作。课题研究是教师成长的综合手段，需要调动教师的多种研究能力，其中写作是最重要、最基础的能力，也是教师从事科学研究的重要工具。

## 如何写出吸引人的文章

有的老师写文章喜欢"漫谈"，好像什么都说了，却又什么都没有说透，给人一种言之无物的感觉。我们该如何破解这个写作难题，让自己的文章吸引人呢？

不空谈理论，以鲜明的实例进行解释。写文章最重要的是讲明白问题，有些老师在写作时喜欢大段落讲理论，甚至刻意追求语句的整齐和对仗，很难让读者有顿悟的感觉。原因在哪？就是缺少具体可感的实例。丑小鸭中学的詹大年校长在讲教育关系的重要性时，提出了"教育的起点是儿童立场"的观点——只有站在学生的立场、明晰意图才有可能建立起教育关系。为了说明这个观点，他举了一个例子来"佐证"：有个刚刚入校的女生问他，学校的学生可以谈恋爱吗？这是个很难回答的问题，"可以"与"不可以"都容易阻断教育的道路。詹大年校长站在学生的立场指出，这个学生并不是真的想要获得答案，而是在试探校长是否值得"交往"，所以没有必要去直接回答问题。于是，他便问女生是否刚到学校就遇到了喜欢的人，女生说"没有"。他又问女生是否有人喜欢她，女生还是回答"没有"。在得到了确定的回应后，詹校长告诉女生，等有一天你看上谁或谁看上你，你再来问我这个问题好吗？这个实例不仅很贴近自己提出的观点，更给人一种耳目一新的感觉，让读者在新奇感中更加愿意接纳作者。

有纵深意识，以逻辑增加表达的厚度。更多时候，文章不精彩的原因是浮于表面，缺少深刻的分析与表达，也就是通常所说的泛泛而谈。为了增加文章的内涵，可以增加逻辑表达的深度，构建逻辑的纵深感与立体感。通常可以按照以下三步进行：说明"是什么"，借助基本理论或者事实来说明问题的本质，通过凝练的文字对问题进行界定或解释，帮助读者对问题产生正确理解和清晰认知；说明"怎么做"，也就是梳理解决问题的思路和策略，这是问题解决的核心，也是读者最感兴趣、最关注的内容，需要作者下功夫进行凝练性表达——一目了然，不拖泥带水；说明"做得怎么样"，这属于问题解决的结果表达，要么形成经验成果，要么剖析不足与教训，让读者在阅读中有收获、有启示，从而提高阅读的兴趣与品质。当然，逻辑表达并非完全是纵深的、递进的，根据表达的需要将问题的不同方面进行横向排列，从不同维度、不同视角去分析问题也是纵深逻辑的一种表达。

# 第四章

自我增值：在研究中淬炼自己

　　淬炼是将金属进行一系列处理，从而使其内部结构发生变化，进而改善材料性能和外观的一种工艺。

　　教师的优秀实践也需要进行淬炼，使经验更加外显、智慧更加明晰、成果更加系统，而研究无疑是实现这种淬炼的最好方式——在研究中发现新的可能性，产生新的方法和思路，形成新的创造力。

# 怎样看待读写研的成长价值

## 成长之惑

我是一个喜欢读书也喜欢写点文章的人，书读了不少却没觉得有用，文章写得不算少却发表不了。有时候想一想，这些事情的意义到底在哪里？有没有一种方式能让读写的价值看得见、摸得着？

## 突围之道

对于教师来说，阅读、写作既可以是一种喜好，也可以作为专业成长的方式和手段。在实践中，学校或者区域推动教师阅读或写作往往是分别进行，这就导致效果大大减弱。为此，我们有必要开展读写研行融合研修行动。

读写研行融合研修行动的探索，源于我对教师成长困境的切身感受，以及"叙事者"教师发展共同体在阅读推广上的长期实践。这一研修行动以深层学习为理论基础，大致经历了阅读介入、读写共行、多维联动三个探索阶段，研修效度呈现出递进式、阶梯状上升发展样态。

## 阅读介入：教师培训的缺位与补偿

1995 年，我被分配到一所乡村初中任教，却未能站在讲台上成为真正的教师。直到 1997 年，学校出现了一个无人愿意接手的"差班"，我才有机会以"救火队员"的身份正式成为一名数学教师，同时担任了这个班级的班主任。这个班级本身就以混乱出名，各种状况层出不穷，接踵而至的班级问题让我一筹莫展。那时候，教师在工作中遇到问题和困惑通常"求教无门"，没有人可以指点迷津。我解决问题依靠的是阅读，从阅读中寻找解决问题的方案。至今，我都笃定地认为书籍是最好的师父，阅读是最好的学习，这是我在乡村工作十四年的个人经验。

2013 年，我为"国培计划"中西部农村中小学骨干教师培训项目的一个短期培训班讲课，一位年龄明显偏大的学员引起了我的注意。课间休息时，我和他进行了短暂的交流，了解到他的确是超龄了，本没有机会来参加这个培训班。但是，学校里的年轻教师都是"一个萝卜一个坑"，不可能抛下学生来参加为期两个星期的脱产培训。而他出于年龄等原因，在学校后勤岗位做些杂活，算是可有可无的闲人，便顺理成章地成了接受培训的"专业户"——只要是超过两天的培训，学校便会派他参加。

因为我发表的文章和出版的专著大都与教师成长有关，所以经常会收到一些教师的电子邮件或信件，他们大多是在读了我的文章之后"有感而发"。有一位青年教师曾这样写道：工作三年，我没有参加过校级以上的培训学习活动，学校自己组织的教研活动流于形式，本校的老教师那里没有经验可学，遇到了教学上的困惑都不知道要去请教谁……还有一位教师说：我们学校的老师，老的太老，小的太小，因为工作三年以上的青年教师都跑到县城学校了，剩下的要么是家住在附近的老教师，要么是刚参加工作一两年的新教师，我们可以依靠谁来获得成长的帮助呢？

2014 年起，我开始建构"阅读介入"理念，并作为改变教师成长生态的重要方案进行推广。基于阅读对教师成长价值的分析，我认为通过阅读介入完全可以实现阅读的培训功能，并提出了"培训去不到的地方，让阅读到达"的行动准则，力图实现"让阅读成为最好的培训"。阅读介入理念落地的方式有两个：一是通过撰写文章、举办讲座等方式，宣扬阅读的意义，倡导教师通过阅读去获得经验能力，弥补学习资源不足、培训活动不到位的现实问题，强化阅读介入对教师成长的价值；二是通过读书团队建设，开展"读思行"行动，初步探索阅读介入的系统方案。

读书团队是落实阅读介入理念的关键载体。通常，我在一所学校做过讲座之后，学校领导如果认可阅读介入理念，我就会建议在校内组建读书团队（成员一般在十人左右），按照"读思行"的行动策略，引导教师开展学习型阅读。这样的读书团队最多的时候达到了二十四个，基本的行动模式呈现为三个阶段：读，就是共读一本好书，团队成员有组织地开展共读活动，在规定期限内完成规定的阅读任务；思，就是在阅读过程中结合自身实践开展反思活动，将阅读来的经验与个体经验进行结合，从而获得新的认知；行，就是带着思考来的新认知进行教育实践，实现他人经验指导教育行动的目标。

"读思行"作为阅读介入理念的落地策略，很好地促进了教师阅读的专业化。但是，随着实践的深入，其问题也慢慢显露出来：从团队组建的起点来说，这些读书团队大多是在学校领导高度关注之下成立的，在最初时无论是激情还是活力都十分充足，当领导的关注度不足时，这些团队容易走向松散甚至自然消失；从阅读的价值开发来说，阅读更多地被理解为教师获得资料的工具和培训活动的替代品，其更加丰富的价值张力没有得到充分挖掘，降低了阅读在教师成长中的价值品质。同时，这些团队虽然都在我的指导之下开展读书活动，但彼此之间没有关联，独自开展活动，无论是在规模还是体系上都显得过于单薄。

## 读写共行："叙事者"成长课程的初步探索

2016 年，为了改变小团队点状分布、生命力不强、成长价值不凸显的现状，我有了依托已有的团队基础，筹建系统性学习共同体，开发读写融合成长课程的计划。1 月份，我发起了一场寒假教师读写挑战活动，邀请老师们在寒假期间开展为期三十天不间断读写行动。以这次挑战活动为基础，我发起并成立了全国性民间教师成长组织——"叙事者"教师发展共同体，走上了读写融合式教师成长课程的探索之路。现在，"叙事者"已经发展成为拥有两千名核心成员、四十三个分支团队的紧密型教师成长组织，成员遍布全国二十一个省份。

自 2016 年 3 月起，"叙事者"以 QQ 群为载体，以微信公众号为窗口，借助网络平台向成员传递"叙事者"团队文化，实施"叙事者"成长课程。在管理团队的努力下，"叙事者"开发了系统的线上成长课程作为公共课程，引领全体成员共同成长。公共课程分为三大主题：一是共读，每个月共读一本经典著作，由专业领读人负责共读活动的开展，通过启动导读、问题导读和线上"书吧"，将共读活动分为自主阅读、聚焦阅读、阅读分享和阅读感悟四个环节；二是共写，每周撰写一篇教育文章，文章类型分为教育叙事、教育案例、教育论文三个写作梯级，成员根据基础水平选择写作类型并进行递进式阶梯写作；三是共享，每个月组织两次线上主题交流活动，一次是线上读书交流活动，一次是名师讲堂或者"叙事者"讲述活动。在这三大课程主题中，阅读是基础，是教师所有成长方式的起点。从广义上来说，共读一本书是阅读，聆听名师的分享也是一种阅读，所以共读和共享可以概括为大阅读，也可以看成是阅读的两个层级。而写作与研究无疑都要建立在阅读之上，都是基于阅读的成长方式，这也是我们把"叙事者"成长课程定义为"读写融合"课程的主要原因。

"叙事者"成员中，有以个人身份参加的个体成员，也有以分支团队的形式加入的团队成员。

"叙事者·兰山团队"是团队成员中比较成熟的代表之一。其成立以后，在充分调研的基础上将工作的着力点放在了教师读写素养提升上，借助"叙事者"的经验模式，依托散布于全区各学校的"叙事者"骨干成员，开始探索学校读写活动的推进模式。经过三个月的"试运行"，兰山区正式推出"书院行动"区域读写融合课程。"书院行动"以提升教师读写素养为追求，以探索新型教师培训路径为目标，树立了行政指导、民间助力、个体自愿的区域教师读写行动推进理念。经过一年的努力，构建了"兰山书院（区级读写团队）—学校读写团队—专业读写团队"团队建设主线。兰山书院引领、推动学校读写团队建设，学校读写团队辐射、带动教师全员读写，专业读写团队基于学科、德育等开展主题读写活动，形成了由上而下、由线及面的读写推进机制。全区共成立九十八个教师读写团队，培育出良好的区域教师读写文化。

## 多维联动："读写研行"融合研修项目的探索

2021 年，"叙事者"完成了第一个五年发展周期，管理团队与分支团队负责人通过线上方式就公共课程的实施情况进行了研讨，从成果成效与问题瓶颈两个方面对五年发展做出了理性分析。总体来说，公共课程具有课程研发专业、课程实施有效等明显优势，但明显偏重读写对教师成长的浅表性、基础性功能建设，未能实现阅读对教师成长的深度、系统建构。而且，阅读的功能也不能仅仅局限于教师成长，而是要直接促进教育改革与创新的发生。为了让阅读更好地服务教师成长，推动阅读与教师成长、教育实践更加直接的联结，"叙事者"在保证公共课程深入实施的同时，鼓励分支团队积极探索"读写研行"一体化教师研修项目。

"读写研行"一体化教师研修项目是阅读、写作、研究与实践相融合的研修方式，如果把阅读、写作、研究和实践看成是四块积木，研修者可以用它们搭建出不同的成长模型。面对这四个要素割裂的现实问题，研修者需要根据需要重新建构它们之间的关系，通常来说主要有三个基本模型。

其一，基于问题解决的研修路径。这种研修的前提是发现了问题和困惑，研修者通过问题解决获得成长。举个例子来说，当我们在教育实践中遇到了难题，就可以开展如下的研修行动：第一步，基于问题确定研修主题，确保每次研修的主题都来自真实的问题；第二步，围绕主题组织研修团队开展共读，通过网络、杂志、报纸等方式寻找适合自己的解决方法；第三步，研修团队成员根据阅读来的方法结合已有经验开展实践行动，在实践中修正方法和经验；第四步，开展团队集体研讨，形成团队共同的方法策略，然后带着团队方案进行实践，实践之后再进行集体研讨，直至形成理想的行动策略；第五步，借助科研或者写作将成果固化、物化，形成可视化成果。

其二，基于移植创新的研修路径。这种研修的前提是阅读，研修者通过将阅读而来的新经验进行个性化移植，获得专业成长。基本的路径可以概括为：第一步，开展阅读活动，在阅读中发现值得借鉴的知识经验；第二步，开展教研或科研行动，将新知识、新经验植入已有经验，形成新的理念主张；第三步，开展系统的实践行动，践行新的理念主张，改善教育教学行为；第四步，梳理总结经验，通过写作将成果物化。

其三，基于经验凝练的研修路径。经验往往隐匿于实践之中，需要通过研修的方式显性化。基本的路径可以概括为：第一步，梳理实践中的高频区域，发现缄默经验；第二步，围绕缄默经验关键词开展专业阅读，寻找理论支持；第三步，开展教研或科研活动，提炼经验主题，建构经验模型；第四步，用文字表达经验成果，推广交流。

读、写、研、行作为四个关键要素，它们之间的关系建构绝不仅限于以上三种。以上三个基本模型仅是提供思路与样本，研修者需要根据自身实际，创造出适合自己的研修路径。

"读写研行"一体化研修项目不是拔地而起的工程，而是在漫长的教育实践中逐步深化、层层递进而来的实践成果。从读书团队到读写团队，直至今天的"读写研行"融合研修团队，在阅读推动的过程中团队始终是重要的载体。在我们看来，团队阅读有着个体阅读无法比拟的优势，它既是个体阅读的孵化器，也是阅读质量提升的加速器。

获取阅读力量。"叙事者"行走已经八年多，我见证了众多乡村教师从迷茫走向觉醒，也深深感受到了团队共读对乡村教师的意义和价值。人是很容易服从于环境的，周围的人都在做同一件事情，你也就会自然而然地去做这件事情，这就是环境带给人的影响力。而团队共读最起码的优势就在于：它可以让你置身于一个阅读的环境之中，并在不自觉中走向阅读。当然，这只是团队共读最基本、最基础的力量。事实上，在团队中共同读一本书，还可以帮助你获得更多力量：比如榜样的力量，在一个团队之中会有走得快的人，这些人会影响着你加快步伐；比如同伴的力量，更多时候，一个人行走的勇气来源于同伴间的相互鼓励、监督，甚至是相互的"不服气"。大家一起去读一本书，就多了抱团取暖的诗情，也有了你追我赶的画意。

助力专业阅读。人只有具备了足够的阅读能力，才有可能走向真正的专业阅读。从这个意义上来说，团队共读是帮助一个人形成阅读能力、走向专业阅读的"孵化器"。换句话说，一个走向专业阅读的教师，一定要有自己独到的阅读品位，这种阅读品位不会一蹴而就，也不会与生俱来，需要一段漫长而合群的"共读"来培育。这或许就是教师团队共读的最大意义——引发一个人的专业阅读，让每一个人形成专业而私有的阅读品位。团队共读不会长久地存在于你的阅读生命之中。在团队中行走一段时间以后，个人的阅读能力形成了，有了自己的专业阅读品位，你就有可能离开团队独自行走。即使不离开，你肯定也有了专属的阅读方式。

形成专业能力。正如"叙事者"课程建设的逐步升级一样，教师阅读的意义不止于阅读本身，更多地是如何形成教师专业能力。教师阅读对实践的影响可以划分为三个层次，分别是有影响、有改变、有创造。有影响：读一本书，最基本的作用就是促使阅读者产生"对比"意识，拿作者的经验与自己的实践进行比较，在比较中开启思考与追问，也就是我们常说的反思。有改变：当一个人在阅读中有了思考、有了想法以后，会利用从书中读到的那些有借鉴意义的内容作指导，去修正、提升自己的教育实践，也就是我们所说的阅读改变教育实践。有创造：这是阅读的高位价值，意在强调"去生成"，通过与其他成长方式的融合，生长出自己的行动模式和行为结构，创造出自己的教育主张和教育理念，这也是"叙事者"课程开发一直遵循的原则。

"叙事者"教师发展共同体成立以来，有力地助推了乡村教师成长，为乡村教师成长和乡村学校发展蹚出了一条新路，成为乡村教育发展的强劲助推器。安徽省霍邱县户胡镇中心学校的董艳老师，"叙事者"最早期的成员之一，身处偏远乡村，却从阅读中走出了自己的成长之路，成长为安徽省特级教师、全国最美教师，成为一个具有独特教育理念和教育特色的专家型教师。江苏省苏州市相城区的望亭中心小学，在毛家英校长的带领下组建了"叙事者·望亭团队"，以分支团队的方式加入"叙事者"，开展"读写研行"一体化研修行动，做出了以"我喜欢你"为主题的特色课程，让一所偏僻的乡村小学成为苏州名校，实现了乡村学校的华丽蜕变。一大批有特色的乡村教师发展经历登上了《中国教师报》等媒体，仅《中国教师报》就整版报道过十一位"叙事者"成员的成长经验。

当然，"叙事者"推动更多的是教师成长意识的唤醒、成长方式的获得以及成长经验的传递。曾看到赵成峰老师在朋友圈推出了编号为 3783 的文章，也就是说，他从 2016 年参加"叙事者"开始，已经撰写了 3783 篇文章。作为一名超过五十七周岁的乡村教师，从打算混日子到退休，到现在的"不读不食，不写不眠"，坚持日日更新博客，是什么样的力量让他发生了巨变？借用赵老师的一段话来回答：参加"叙事者"后，我像是走进了没有围墙的大学，通过持续的专业阅读，实现了自己的"每日一叙"，这让我感觉完整幸福的教育生活离自己更近了。

2021 年 4 月，我作为中国教育报 2019 年与 2020 年"推动读书十大人物"的代表，参加了以"推进乡村师生阅读，助力乡村教育振兴"为主题的全国读书论坛活动，并做了主题发言。发言时，我以"让乡村教师发生更多的可能"作为结束语。七年多的时间，"叙事者"成员从成长无望到激情满怀，从困于乡村到遨游书海，从自我收获到辐射引领，他们以阅读的方式获得了职业生涯的华丽转身。从困顿于世俗的倦怠到沉迷于精神建设的觉知，从十年读不到一本书到一年读了十几本书的觉醒，从执迷于分寸利益的纠结到关注学生生命成长的觉察，从参加"叙事者"获得自我成长到组建自己团队的觉悟……觉知、觉醒、觉察、觉悟，这才是"叙事者"的力量所在，也是"叙事者"的追求所在。

# 教育叙事是写作方式还是研究方式

## 成长之惑

近些年，教育叙事越来越受到一线教师的喜欢。专家意见不一，有的说教育叙事是专业写作，有的说教育叙事是一种研究行动，教育叙事到底是写作方式还是研究方式呢？

## 突围之道

教育叙事既是写作方式也是研究方式，写作方式是从其表达、呈现方式上来说的，研究方式是从本质上来谈的。以我的理解，教育叙事可以更精准地表述为教师的成长方式，即教师借助写作开展叙事研究，从而获得专业成长。

教育叙事可从两个维度上理解：一是为了教育的叙事，教育是目标，叙事是方法，属于教育方式的范畴，即以讲故事的方式实现立德树人，促进学生健康成长；二是基于教育的叙事，教育是资源，叙事是手段，属于研究方法与成长方式的范畴，即通过讲述教育实践故事的方式促进教师的专业反思，引发教师的专业成长。

## 教育叙事的基本内涵

教育叙事，就是讲述教育现场中已经发生的故事，是指教育者在记录教育实践中真实事件和真实情境的基础上，通过反思发现蕴含其中的基本经验、基本规律和基本原理，从而实现诱发自我反思、改进教育行为、助推专业成长等目标。从本质上来讲，教育叙事具有故事属性、研究属性和成长属性，三者共同解释其基本内涵与本质特征。

教育叙事的故事属性。教育叙事的关键资源是故事，主要手段是"讲故事"。一般来说，它会从讲述故事开始，在对故事的诠释过程中获得深耕，然后有意识地对故事材料和意义进行建构性研究。需要强调的是，教育叙事中的"讲故事"不同于艺术创作，它既不会对事件的过程进行臆测与加工，也不会对事件的可能性进行展望与畅想，"原汁原味"是教育叙事有别于文学创造的关键特征。也就是说，教育叙事所讲述的故事是已经发生的、真实的事件，教育叙事是对教育实践进行写实性描述。真实是故事内容的底线，实事、实情、实景是故事要素的基本追求。这种真实特质，让教育叙事有意识地偏离了文学的部分属性，向实用性和科学性靠拢。教育叙事不仅强调故事的真实性，更强调要精心讲好真实的故事，也就是重视故事的情节性，以增强叙事文本的可读性和吸引力。

教育叙事的研究属性。从目的和产出上来分析。从叙事目的上来说，教育叙事"讲故事"不是为了感动人，也不是为了渲染环境与情绪，而是要对所述故事进行意义性解释——是什么，为什么，说明了什么。在这个过程中，讲述者即为研究者，会主动介入其中并对故事所反映的教育现象进行分析探究，从而生成对事实的科学性解释，这些极其符合行动研究的基本特征——研究者的自身工具性。从叙事产出上来说，教育叙事并不是仅仅对故事进行讲述，也不是单纯地进行判断和解释，而是要在前两者的基础上进行获得性建构，也就是要形成教育观点、教育主张，乃至教育理论。这种建构采取的主要方法是归纳，即从具体的事件及现象中归纳出新的观点（主张、理论），属于典型的质的研究方法。综上，教育叙事本质上是以行动研究为取向，以运用和分析叙事资料为主要手段的质的研究方式。

教育叙事的成长属性。叙事教育的成长属性在于，它成功建构了教育者（讲述者）叙事性自驱成长模式，通过复盘和重新审视已有的教育实践，去寻找并赋予过往经验以新的意义，从而获得认知和行动上的新突破。自驱成长模式的核心是反思，即通过记录教育现场故事来实现教师的反思性成长，其基本的原理可以概括为：教育者依托所记录的故事开展反思行动，在反思中不断深化对问题（事件）的认识，调整并改变已有的行动模式，修正原有的知识经验，探寻行为（经验）背后隐含的新意义、新理念和新思想，获得新观点、新主张和新发展。基于反思的自驱成长模式，激发了教育者"自己研究自己"的内在需求，激活了教育者自我诊断、自我改善和自我发展的内在动力，让成长成为一种自发、自主、自觉的专业行动。

## 教育叙事的实施策略

新时代对"教师成为研究者"的要求越来越迫切，但重实践轻研究的现象在基础教育阶段普遍存在，严重阻碍了教师的专业发展。由于宏大学术研究与中小学教师职业生活相距甚远，不能成为中小学教师专业成长的有力工具，迫切需要寻找到一种接近教师生活、容易被教师接受的研究方式。根据对叙事教育基本内涵的分析，教育叙事作为一种适合中小学教师的研究方式，完全可以成为教师专业成长的"第一工具"。为方便中小学教师掌握这一工具，可以将教育叙事的实施策略表述为：深描事件—解释现象—建构意义。

深描事件，讲好生命故事。每个人都是天生的故事讲述者，教师可以通过讲述自己亲历或见证的故事，重新剖析教育生活，从而获得新的自我认知和价值追求，同时为研究活动提供叙事材料。那么，如何才能讲好一个故事呢？关键的做法就是对事件进行有效深描。深描是指教师对自己所经历、观察或访谈的事件，有意识地进行指向事件本质的深度描述，并通过多维度阐释形成研究案例的过程。其基本程序包含两个关键环节：一是从事件到主题故事，二是从场景到主题情节。

1. 从事件到主题故事。作为教师来说，教育生活在记忆中以一帧帧事件的形式得以留存，这些事件是教育叙事的原始材料，不能直接像流水账一样全部进行记录，需要进行一系列的深度加工。加工的第一道程序便是确定主题，然后从诸多"原始材料"中筛选出那些指向主题的、有意义的、有代表性的关键事件；第二道程序则是对关键事件进行故事化复原，也就是将原本碎片化、概要化的事件进行梳理，对时间、地点、人物和主要内容等故事要素进行清晰化确认，从而获得一个或多个主题故事。举个例子来说，在进行安全教育主题叙事时，教师从记忆中提取到"学生撞碎教室玻璃"事件，然后集中对这一事件相关元素进行回忆，从而明确哪个学生在哪一天撞碎了哪片玻璃，周围还有哪些人，大家的表现是什么……概括起来说，就是将零碎的只言片语，复原成一个完整的故事场景。

2. 从场景到故事情节。主题故事的获得，为教育叙事提供了必要的场景，接下来需要做的就是对场景进行情境化处理，也就是针对故事场景开展动态性深度描述。通常来说有两根主要链条需要构建：一是构建引发故事、推动故事发展的逻辑链条，就是梳理出时间、地点、人物等关键要素之间的逻辑关系，然后借助逻辑关系构筑故事脉络与框架；二是构建丰富故事、增强故事吸引力的情感链条，就是在叙事"骨骼"上添加"血肉"，将故事中的冲突、矛盾、疑惑、纠结等缔结成丰富的故事情节，以此来提升故事的感染力和可读性。也就是说，逻辑支撑故事，情节丰富故事，这两者都是不可或缺的。

解释现象，探寻基本规律。故事具有丰富的容纳性，任何故事里都巧妙地隐匿着某些问题、价值、现象等，教育叙事需要从故事中发现其中蕴含的教育元素，也就是找到故事背后的东西。这至少要回答好以下三个问题：故事所要表达的关键问题是什么？这些问题聚焦成了怎样的现象？如何理解和阐释这个现象？而要回答好这三个问题，最重要的就是提炼出故事的核心概念，并能够阐释核心概念，由此实现从事件到现象的层次跨越。

1. 提炼核心概念。所谓核心概念，就是能够凸显或者说清楚某个主题的关键词，任何主题故事都一定存在一个或多个核心概念，它们或存在于故事文本高频出现的词语中，或隐匿于故事情节和主线的深处。提炼核心概念的过程，本质上就是对故事文本意义化、现象化的过程，也就是从故事中发现集中聚焦的问题、冲突以及指向的普遍性规律。举个例子，我在《教育到底能做些什么》一文中，着力对师生相遇时的尴尬、惊喜、畅聊、回忆等细节进行了描写，在看似"散乱"的对话中始终隐匿着"教育的作用"这一关键词，那么"教育的作用"就是整个故事文本的核心概念。

2. 阐释核心概念。核心概念确定之后，对故事文本进行意义探寻的方向基本也就明晰了。从"深描事件"到"解释现象"，其实就是从"个案"到"普遍"的过程，"深描事件"提供了特殊的个案，"解释现象"在个案基础上去发现普遍存在的现象，而对普遍现象的阐释一定是围绕着核心概念进行，即在核心概念的主导下实现去个性化。继续分析《教育到底能做些什么》一文，该文紧紧围绕"教育的作用"这一核心概念，从"我们的教育消耗了这个女孩那么多年的青春年华，却只留给了她一句有用的话"开始反思，直至揭示出"教育的意义"已经被狭隘到了"分数"和"敲门砖"的社会现象，从一个女孩的个人经历中抽离出了一个普遍的教育认知规律，实现了故事文本价值的放大与升华。

建构意义，生成教育理解。教育叙事不仅仅是讲故事，这一论断的主要依据在于：教育叙事的终极目的是建立理论。当然，教育叙事所建立的理论通常不是宏观理论，它更倾向于中观理论和微观理论，特别青睐于微观理论的建构，也就是教师在日常生活中获得的认识。在实践中，教育叙事的理论建构更多地被解释为教育主张、教育观点、教育理解等微观概念，其实现路径通常遵循"讲述主题故事—分析概括现象—归纳生成理解（观点、主张）"的递进逻辑关系，从而实现从故事资料中归纳出基本经验，通过一系列基于核心概念的研究性概括，上升到理论认知的目标。

在建构与生成环节，从主题故事中提炼出来的核心概念始终处于核心地位，教育理解的生成通常由此开始。如果主题故事只有一个核心概念，这个核心概念往往就是所生成的教育理解的内核；如果主题故事有多个核心概念，教育理解的生成往往是多个核心概念整合、归纳而成。还是以《教育到底能做些什么》一文为例，在核心概念"教育的作用"聚合之下，文章最终生成了"现状—原因—怎么做"的教育理解，在全面分析资料和剖析现象的基础上，提出了教育行动的策略与需要遵循的原则，最终形成了来自日常生活的微观理论。

## 教育叙事的行动路径

从事件到现象再到意义，这是教育叙事的递升逻辑，也是教育叙事所遵循的基本策略。基于这一策略，教育叙事行动得以兴起并逐渐成为教师自主成长的重要手段。在中小学，有意或无意采取教育叙事行动而获得专业成长的教师越来越多，方式各不相同、各具特色。通过梳理一线教师的叙事行动，我总结了以下三个行动路径。

以"叙说"为取向的教育叙事。叙说就是口头叙述。以叙说为取向的教育叙事一般属于组织行为，通常由学校的某个组织召集、以团体方式进行，比如教学部门、教育部门、年级组、教研组、工作室等。具体包含以下几个环节：

第一步：确定叙说主题，做好活动准备。组织方根据工作需要确定活动主题、讲述人、参加人员以及场地安排等，提前下发活动通知。实践中，此类活动往往以成长沙龙、论坛、分享会、交流会等方式进行，很少以行政会议的方式开展。

第二步：开展叙说活动，引发自主思考。主要讲述人按照活动主题讲述主题故事，讲述的方式可以是纯粹的口述、角色扮演、情景剧等。讲述完成之后，讲述者根据预设或生成的核心概念抛出系列相关问题，带动其他参与人员思考、交流，形成问题的解决方案。在这个环节，主题故事的讲述有两种方式：一是讲述完整的故事内容，从中提取核心概念，组织主题交流活动；二是讲述故事的部分内容，交代清楚问题背景，根据问题背景呈现的核心概念，组织参与人员进行头脑风暴，提供不同的解决方案。

第三步：进行梳理总结，形成教育理解。讲述人和参与者进行总结活动，形成最终的教育理解和主张。

以"访谈"为取向的教育叙事。访谈是访谈人对讲述人进行寻访的一种活动方式，可以一对一，也可以一对多。以访谈为取向的教育叙事活动中，访谈人承担设计访谈活动、确定访谈主题、推动访谈活动等关键任务，通常作为研究者的身份参与活动；讲述人兼具研究者与被研究者双重身份，在配合访谈人讲述相关叙事资料的同时，也会积极参与互动交流，表达自己的思考与主张。

下面，以"一对多"的访谈为例，具体说明基本的操作环节与方法。

第一步，确定访谈主题。访谈主题决定了故事的主题。常见的问题为：在教育过程中，最让你有成就感（挫败感、幸福感、愧疚感等）的一件事是什么？

第二步，追问核心问题。针对讲述人的讲述，通过追问进一步确认系列问题，帮助讲述人和参与人明晰关键问题，这有助于核心概念的呈现和提炼。常见的问题有：故事中让你最有成就感（挫败感、幸福感、愧疚感等）的画面是什么？为此你做了哪些努力或出现了哪些失误？在这个过程中你最看重或在乎的是什么？

第三步，凝练基本经验。这里所说的经验，既包括从成功故事中提炼出来的经验，也包括在失败经历中反思出来的教训。经验的获得，往往是讲述人自我反思的结果，一般需要访谈人给予恰当的提问，比如：重述这件事，你看到了一个怎样的自己？有什么样的经验可以跟大家分享？由此得出了什么样的结论？

第四步，获得他人见证。在一对多的访谈活动中，除访谈人、讲述人以外，还有一个参与人员群体，通常被称为见证人（一对一的访谈则无这个群体）。见证人通常会被作为随机访谈的对象，以加深或者拓展前期访谈内容，并对访谈效果进行辐射性提升。常见的问题有：听完他的分享，你印象最深刻的语言（动作、细节、表情等）是什么？你看到了一个怎样的他？你有没有类似的经历？对你有什么启发？

以"写作"为取向的教育叙事。无论是叙说还是访谈，无不是以语言叙述为主。语言叙述的优势在于，它可以借助环境、动作、表情、音乐、图片等进行，更容易吸引人、打动人。而写作则以文字讲述为主，它没有前者的"好看"与"热闹"，只有沉静与深刻带来的逻辑美感。所以，以写作为取向的教育叙事更能体现叙事研究的特质，其物化了的成果经验更容易留存和传播，它已经成为教育叙事中最重要、使用频率最高的一种方式，也是教师通过叙事获得成长的最佳路径。

在行动上，叙事写作属于教师的个体行为，不需要团队的助力和他人的配合，也不需要环境的支持和氛围的烘托，仅需一笔一纸或一台电脑便可以实现。这种个体性，让叙事写作更多地体现出教师成长的自主、自觉和自愿，具有培训、指导等外在力量无法企及的成长价值。在结果上，叙事写作又具有社会性。写作的成果（作品）具有强大的传播性，可以让更多的人在阅读作品中获得认同、反思，从而为同行提供行动指南、知识经验以及情感态度等。这种个体性与社会性的统一，让叙事写作具有了强大的生命力：一方面，教师个体通过自我解释形成经验模式，经由社会性传播影响他人；另一方面，社会性传播带来的反馈效应不断激励写作者，让写作这一"孤独的成长"得以长久坚持。

叙事写作的方法不拘一格，每个成熟的写作者都有自己的风格。总起来说，只要是通过讲真实故事来获得教育理解的写作，无论采用了哪种叙事手段和方法，都可以称为叙事写作。基于教育叙事的写作更具有研究性，本质上属于研究性写作，所以其写作方法和模式更加追求研究特质。在二十余年写作经验的基础上，我提炼出了三段式叙事写作方法，并在自己的著作中多次论述。三段式叙事写作方法可以概括为"故事＋反思＋主张"。具体来说，第一步是写故事，基本要求是开篇简明扼要、情节生动有致、语言朴素深刻；第二步是基于故事进行反思，基本要求是从具体的事件中反思出普遍存在的教育现象；第三步是形成自己的教育主张，就是对反思出来的教育现象进行建设性剖析、论证，从而提出自己的理解、主张或方案。

叙事写作作为研究性写作，核心追求是促进教师反思并在反思中获得建设性成长，它对教师观察力、反思力、分析力、建构力的培养具有十分重要的意义。在实践中，教师的叙事写作可以分为两个阶段：一是问题性写作，就是发现具有问题价值的故事，然后在写作中分析、解决问题，写作的内容与思考不具连续性，处于遇到什么问题就思考什么问题的"被动"状态；二是专题性写作，就是聚焦一条主线、一个方向进行深入的持续写作，形成密集的思维链条和成果链条，呈现为计划性、专题性的"主动"状态。两相比较，后者具有更为强大的成长价值。作为教育者，可以通过一段时期的问题性写作，培养个人的教育敏感度和写作表达力，继而开展更加有意义的专题性写作。

# 教师如何开启教育研究

## 成长之惑

　　我很羡慕那些会做研究的教师，自己也愿意试着做一些教育研究。可是，每当真的静下心来打算研究一些问题时，却又感觉无从下手，不知道应该怎样确定需要研究的问题，更不知道研究的具体方法。能不能提供一些切实可行、一线教师可以做的研究？

## 突围之道

　　毫无疑问，教育研究是教师真正实现专业化、走向个性化的关键路径。但是，受一些管理机制和研究定位的误导，很多教师对教育研究持敬畏态度，感觉那是遥不可及的奢侈品，是名师专家才可以去做的事情。其实，教育研究没有那么高深晦涩，青年教师完全可以开启适合自己的教育研究行动。下面，结合我个人的研究实践，谈一谈青年教师开展科研行动的三种类型。

## 对成熟的做法进行梳理提炼

首先要明确的是，青年教师的研究行动一定是基于实践的，要在具体的教育实践之中去发现值得研究的问题。大多数时候，青年教师所欠缺的就是发现的能力，比如在撰写教育科研论文的时候，很多老师就觉得无从下手。他们通常的做法就是搜索一些材料，然后通过复制粘贴拼凑出一篇文章来。这样的文章肯定算不上论文，这样的行为绝对称不上研究。

我习惯问老师们这样一个问题：做了这么多年教师，你有没有在某一个教学细节上做得比较满意？几乎所有教师都能列举出自己最拿手的一些做法，然后滔滔不绝地讲述这些做法带来的"巨大效果"。是的，一个人在长期的教育生活中总会有一些比较成熟的做法，如果能够把这些做法通过研究的方式进行提炼升华，就可以形成自己的教学成果。具体来说，这个梳理提炼的过程大概要经过以下三个步骤：

我的优秀做法是什么。青年教师的教育经验往往隐匿在教育实践之中，大多是缄默的，没有被明确描述。如果我们要开启经验提升型的教育研究，就要对这些内隐经验进行梳理、归纳、总结，让它们变成可视的、有条理的、能够具体操作的经验"模板"，解决"是什么"的问题。那么，"模板"的标准是什么呢？一是必须是在全面梳理个人教育实践经验的基础上，发现的那些最具个人特色、最有实践成效、最能代表个人水平的优秀做法；二是对优秀做法的描述简洁且有条理，达到他人只通过阅读文字就知道"怎么做"的标准。用文字来描述个人经验，这是青年教师开启研究的第一步，但并不是典型的教育研究行为。

　　这种做法的理论依据是什么。可以这么说，任何成功的经验做法一定能够找到相关的理论支持，从疲于实践到寻找理论支持的过程，就是一个教师从经验走向理论的开始，这是一个很重要的转折，可以说意味着教师研究行动的正式开启。理论依据获得的基本方式是文献梳理，就是针对主题开展专业阅读，以便了解这一主题有没有人在做，做到了什么程度，与自己的实践经验有怎样的差异，可以借鉴哪些来进行自我完善，这是文献梳理的第一步，属于把自我经验与他人经验进行比较的过程。接下来就是寻找理论支持的过程，从能够寻找到的基本教育理论中，确定可以揭示基本内涵、基本原理的理论，作为个人经验的支持理论。可以说，有了理论支持的实践，就具备了成为教育成果的前提，这是教育研究比较典型的做法。

　　这种做法的实践模型是什么。从模板到模型是教育研究的深刻转型，这是判断一种行为是简单的经验梳理还是科研行动的关键。两者的区别在于，模板是静止的、平面的示范，通常只是提供一种具体的操作模式；而模型则是动态的、立体的系统，通常会留给实践者以探索和创新的空间。也就是说，模板提供的是具体方法和方案，而模型提供的是思维的方式和行动的方向。教育研究的产出应该是模型，而模型的建构一定要基于理论。我们寻找理论依据不仅仅是为了证明个人实践的正确性，更重要的是通过理论来丰富教育实践，让教育实践在理论指导下走向更加系统、科学和规范。

## 对失败的教训进行归因修正

有句话说，失败是成功之母。这句看起来有些"过时"的名言，在教师成长的过程中依然绝对正确。人难免会犯错，问题的关键是如何对待工作中的失误甚至错误——是"背着牛头不认账""无理辩三分"拒不反思，还是心平气和地承认不足，积极对失败进行合理归因从而找到解决问题的最佳方案？面对失败选用哪种方式从某种意义上决定了一个教师可以在教育道路上走多远。

那么青年教师如何对失败的教训进行归因修正呢？根据个人的经验，我觉得可以参照以下步骤进行探索。

对问题进行描述和概括。简单地说，就是把导致自己失败的问题找出来，进行背景描述和关键环节记录，从而把一个失败的案例完整呈现出来。"知错能改，善莫大焉。"这里面包含了两层含义，一是说一个人要有意识到错误的能力，二是要有改正错误的能力。很明显，意识到错误是第一步，是一切研究行动的开始。从当下的教师成长来看，教师最缺乏的就是"知错"能力，明明自己做错了事情，却浑然不知，甚至有把错误当创新的现象存在。对于青年教师来说，出现失误很正常，我们需要去做的就是发现这些问题，然后对其进行详尽的描述，从而精准回忆、梳理、确认失误所在，并借助科学的方式进行概括呈现，也就是把伤疤揭开，把问题亮出来。

对问题进行解释和归因。找到自己的教育实践与问题后果之间的关联，从而发现问题背后的真正原因，明确问题彻底解决的方向。对问题进行解释是一个反思的过程，需要教师站在研究者的立场，认真反思造成失误的原因是什么，是教育理念的问题还是方法策略的问题，是个人能力不足的问题还是客观现实的问题。借助这样的反思，探寻到个人实践存在的缺陷和不足，从而实现对问题的初步解释。在归因的问题上，要多进行内部归因，多去探寻个人的原因，也就是找到导致失误的根本点、引发点，然后对标个人教育实践，确定精确的因果关系，为问题解决提供方向。

形成的方案或策略。发现问题背后的原因为问题解决提供了可能性，在这之后就要通过一定的科研方法寻求最佳解决方案，进入积极的自我改进状态。可以说，问题解决的过程就是科研的过程，问题解决的方案也就是由失败获得的教育研究成果。由此来看，从"失败"到"成功"，中间最需要的就是教育研究。那么，怎么去研究？我建议青年教师走微研究的道路，简单地说就是"借鉴经验—寻求理论—形成方案—建构模式"，从问题中探索出创新性的行动方案或理论成果。

## 对存在的困惑进行解释突破

教师在实践中总免不了遇到搞不清楚的问题，这些困惑就像一把双刃剑，处理得好会成为教师成长的梯子，处理得不好则有可能成为教师专业发展的障碍。比如说，当一个教师遇到一个不容易解决的问题时，如果他能够通过某种方式搞清楚，那么他收获的不仅是处理此类问题的方法，还有他积极进取的激情和信心。相反，这个问题若得不到解决，他就会因焦虑不安而失去内心的平衡，然后遇到下一个问题。如此循环，他积压的困惑越来越多，就有可能慢慢走向倦怠和颓废。所以，及时化解教育生活中的困惑是教师走向专业成长的重要路径。一个疑难问题或教育困惑的解决，需要教师具备一定的研究意识和研究能力。

首先要做的就是对困惑的复述或表达。这既是对问题进行理性思考的过程，也是重新确认问题的过程。对一个教师来说，能够清晰而又准确地表达自己的困惑，本身就是问题解决的良好开端。现实存在的问题是，很多青年教师根本无法描述自己的困惑，只知道工作推进不了，不知道问题出在哪里，找不到困惑的源头和根本，这是青年教师专业成长道路上最大的障碍。对困惑的描述要充分体现以"我"为中心，关注自我的体验和感受，强化自我的认知和看法，突出自我在冲突中的矛盾和纠结，形成自我对困惑的判断和概括。

其次就是充分解释困惑。任何一件事情之所以成为困惑，就是因为当事者不能用自己的已有实践来解释当下的问题，这就要求教师必须换一个路径来探寻原因。也就是说，教师不能仅凭借自己的教育教学经验来解释问题，还要能够借助教育原理和科学数据等来分析问题。解释困惑首要的是对困惑进行理论上的分析，这需要借助阅读和反思的介入，进行系统的建设性解构和重建，寻找到困惑产生的原理或机制，从而对困惑进行理论定性。

最后就是要找到解决困惑的路径。困惑得以突破的典型标志就是找到了解决的方案和行动的路径，这也是教师专业能力得以提升的重要标志。其实，这还不是困惑解决的最终极价值，其更加深刻的意义在于让教师有了继续行走的勇气。那么，困惑解决方案如何获得？这就需要借助科研的力量，通过多种科研方法和路径开展综合研究，从而获得较为理想的研究成果。

## 对借鉴的经验进行移植内化

借鉴他人经验是教师成长最有效的途径之一。

教师在成长过程中，身边不乏优秀做法，也会在培训学习中接受先进的经验，还有可能通过阅读等方式获得有用的教育智慧……这些做法、经验、智慧等，并不会直接作用于教师的专业发展，也不可能直接改善教育实践，需要对其进行个性化的吸收，内化为自己的实践经验。在日常实践中，我们经常会发现有些教师读书很多、学习很卖力，说起收获和心得也头头是道，然而个人成长却没什么起色，主要原因就是缺少了移植内化的过程。那么，如何对待外来经验，如何将他人经验转化为自己的实践呢？

尽快固化闪现的灵感。很多教师参加学习活动喜欢快速记录学习内容，甚至热衷于索要专家的报告课件等资料，以为只要把一手材料拿到手就大功告成，回去后可以慢慢梳理、再现学习内容。其实，学习活动中最有用、最宝贵的并非专家提供的材料，而是在学习过程中迸发出来的"一闪念"，也就是专家经验与个人实践相碰撞时激发出来的想法。当"此情此景"过后，这些想法往往很难再现，教师应该及时捕捉，迅速记录，以作学习活动结束后复盘、梳理、丰富和系统化之用。所以，教师应该学会学习，特别是善于做学习笔记，知道自己要去关注什么、记录什么，明确需要把握的重点，培养自己在学习现场获得灵感、固化灵感的能力。

精准确定实践的领域。通常来说，一闪而过的灵感大都是受到专家或他人经验启发，迅速对已有实践进行的判断、权衡以及改造的想法。这些想法往往局限于一点，需要及时对其进行从点到面的落地式研究。具体操作可以分为以下几步：一是将灵感与关联实践进行联结，并对关联实践进行全面梳理和分析，特别关注需要改进或优化的环节；二是将专家智慧嵌入已有实践，也就是找到改变、优化已有实践的具体思路和方法；三是形成完整的行动方案或者实践策略。

开展系统的创新实践。要想获得好的学习效果，就需要及时开展实践行动，空想从来不会对成长产生具体意义。在植入外来智慧后，教师的教育实践一定会有新预设和新方案，注定需要不断改变和优化思想和行为，这可能会带给当事者一定的痛感——改变自己是难的，需要不断地自我否定。同时，这一过程也是不断吸收外来经验的过程，毕竟"一闪念"带来的营养不足以满足改变的需要，需要不停地学习、不停地吸收。所以，创新实践不只是行动的创新，更是思想和理念的更新，最终的表达形式就是成熟的实践方案或行动模式。只有新的行为模式建立以后，因借鉴而来的成长才算是真正发生。当然，接下来的环节一定是对新经验的概括和描述，这也是教育研究的核心和标志。

综上，教育研究本就不需要故作深沉的"高大上"，一线教师做研究更需要"接地气"。基于自己的实践、经验、教训和困惑，开展有效的微研究、小研究、真研究，在具体的研究过程中因喜欢而全身心投入，因豁然开朗而获得能力和动力，这才是教师走上研究之路的最佳形态，也是必由之路。

# 如何培养自己的科研思维

【成长之惑】

我是一个班主任，天天忙碌到怀疑人生。更让我痛苦的是，在我每天处理的事情中，有很多都是重复"上演"的——今天刚刚解决了一个学生问题，同样的事情又在另一个学生身上出现了。这类事件，牵扯了我很大的精力，也让我的信心和情感一点点消退。我想知道，在班级管理上到底有没有什么诀窍，可以做到药到病除，可以实现一劳永逸呢？

【突围之道】

苏霍姆林斯基说："如果你想让教师的劳动能够给教师带来乐趣，使天天上课不至于变成单调乏味的义务，那你就应当引导每一位教师走上从事研究这条幸福的道路上来。"教师的劳动之所以会沦为简单重复，在很大程度上是因为缺少科研思维的介入，缺少借助经验解决重复问题的意识。

## 从提升思维的深刻度开始

实话说，我刚做教师的那几年，也经历过类似的烦恼：无论怎么强调，总会有学生完不成作业；刚刚批评过的学生，一转身又犯同样的错误；教室的卫生总也打扫不干净……似乎每一件事情都无法从根本上获得解决，每天都要消耗大量的精力去应对反复发生的事情，把自己弄得筋疲力尽。

后来，学校里一位经验丰富的班主任告诉我，要想让菜地里的草不再复生，在除草时就必须做到"连根拔起"。他的意思是说，要想彻底解决班级管理问题，就要找到问题产生的最底层原因，然后从根本上采取措施。从那以后，我面对管理问题，通常会逼着自己多问几个"为什么"，尽可能追寻到问题背后的症结，有针对性地破解，基本上实现了发现一个问题解决一类现象的目标。我把这种工作法称为"寻根式"班级教育策略，在这种工作策略的带动下，我的班级管理开始变得顺手起来，重复性的事务性工作也大大减少。你看，他人经验的介入，可以快速地解决我们的成长问题。

最近，"叙事者"团队共读了《深度思维》这本书，让我对这一经验有了更加深刻的理解。一般来说，手把手地经验传授带有天然的局限性，让人只见局部不见整体。阅读专著的好处是，可以帮你从高位俯视实践，并产生更加高位的行动经验。在《深度思维》中，作者阐述了深度思维带来的行动利益，并着重介绍了一系列开展深度思维的方式与策略，其中的"5why"和"5so"思考法恰好从理论层面解读了我上面提到的"寻根式"工作法，也让我开始重新规范、提升和优化班级问题的解决方案。

那么，什么是"5why"和"5so"思考法呢？在书中，作者对"5why"思考法的定义是——对一个问题连续多次追问为什么，直到找出问题的根本原因；对"5so"思考法的定义是——对一个现象连续追问其产生的结果，以探求其对未来可能造成的深远影响。从定义上来看，"5why"法是向前追溯原因，"5so"法是向后追寻结果，两者共同把人的思维逻辑链条拉长，实现对问题的深度思考。在实践上，"5why"法偏向追问"为什么"引发的寻找，"5so"法偏向推测"那么"带来的可能结果。作为年轻教师，你可以尝试使用这种思维方式，帮助自己顺利应对班级问题。下面，我举个例子来说明具体的操作方式。

2011年，我在一所学校负责政务工作，曾处理过一起家长投诉班主任的事件。事件的起因是班主任对班里一个不听话的学生实施了体罚，家长感觉老师对学生不负责任，便将其投诉到学校。与这位班主任交流，他最不服气的就是家长提出的"对学生不负责任"之说，很委屈地认为正是因为自己对学生过于负责任，才会产生恨铁不成钢的焦虑，才会不恰当地实施了体罚行为。于是，我们之间产生了这样的对话：

　　——你为什么要体罚刘某某呢？
　　——他经常迟到，上课爱说话，作业完不成，这些行为都让我很生气。
　　——你为什么会生气呢？
　　——我很讨厌他的那些行为。

——哦，我很理解你的"讨厌"。我想知道的是，如果刘某某不是你们班的学生，你还会讨厌他吗？

——那倒不会，如果不是我们班的，我没有讨厌他的必要呀。

——那你看看哈，同样一个刘某某，同样的行为方式，在你的班里你就讨厌他，不在你的班里你就不讨厌他，这说明什么呢？

（班主任沉默不语。）

——（我换一个说法）你讨厌他，并不是完全因为他做得不好，而是出于别的原因，你想过这个原因是什么吗？

——可能是因为他的行为会给班级管理扯后腿吧。比如，因为他考试不及格而影响了老师的考核成绩，因为他违纪而影响了班级管理量化分，等等。

——那么，你有没有想过，你的"讨厌"本质上是什么？

——是害怕吗？对，就是害怕，害怕他经常给我的班级管理制造麻烦。

——那么，你对他实施体罚的真实原因是什么呢？本质上是为了他还是自己？

——为了他，帮助他改变一些问题；也是为了自己，尽量减少他所带来的损失。

——那，为了谁的成分更大一些？

——（思考许久）自己吧！

——我觉得也是，因为这个学生在别的班里你就不讨厌、不害怕，这证明了你对他实施的惩戒倾向于为自己止损。这样的话，家长说你对学生不负责任，有没有道理？

——有道理。

——那么，如果是对学生负责的话，我们应该怎么看待学生犯错误这种事情？

——帮他们改正错误，而不是体罚他们的身体。

——这种认识很好。当学生犯了错误时，我们首先看到的应该是"错误"本身，而非"错误"将要带给我们的利益损失，这样就可以保证我们能够控制自己的情绪，不会冲动地去体罚学生。

……

这样一场谈话，因为恰当地使用了"5why"和"5so"法，顺利帮助青年教师弄清楚了自己的教育行为是为了学生还是为了自己，揭示出其基本认知上的误区，也就为他真正发生行为上的改变奠定了情感上的基础。

由此，我给出的建议是，无论个人成长还是班级管理，要想真正走向专业和理性，都需要从提升自己的思维品质开始。

## 建立认知比习得方法更重要

曾有老师向我表达过这样的困惑："我是一个参加工作三年的老师，我特别喜欢读书，特别是那些实用的技能传授型教育书籍。每当在书中读到高超的做法时，我都喜欢拿来用在自己的教育实践之中。但是，这些读来令人激动不已的妙招，被我拿过来用在自己的学生身上时，却并没有产生书中描述的美好效果，甚至会有出乎意料的'负作用'。我不明白，为什么这些做法在自己这里失效了呢？我应该怎么借助阅读提高自己的教育教学能力呢?"

这是一个老生常谈的问题，有很多人问过，也有很多人回答过。问的人多，说明很多人都有类似的心态——读书就是为了获得方法，最好能够做到点石成金。那么，这种想法对不对呢? 对，也不对! 对，是因为阅读的目的就是获得，所谓的"开卷有益"就是这个道理; 不对，是因为读书的益处不能靠复制而来，还应该有一个深度加工的过程。

在《教育的情调》一书中，作者也有过类似的表述。在讲述了"教育者""心理医生"和"父母亲"三个案例之后，作者表达了这样一个观点: "阅读有关教育的著作虽然能给我们带来重要的知识，但是那些知识是外在的，它并不能使我们在与年轻人的日常相处中变得更善于思考或更富有机智。"换句话说，阅读可以让人增加知识，但这些知识并不能直接变成能力和智慧。这里面既包括知识转化的问题，也包含知识如何转化成能力的问题。

首先，我们要弄清外来经验"失效"的原因是什么。当我们借助阅读或其他途径了解到某个问题解决的方案后，可以拿来就用吗? 回答是否定的——因为，任何成功都需要有效的方法与适宜的环境高度匹配才能实现，同样的方法用在不同的事件上所产生的效果会截然不同。就像我们常说的"四颗糖"的故事，如果抛开实施者的个人魅力，离开彼时的教育环境，就很难产生好的教育效果。这也就可以解释前面我们所提到的那个普遍的问题: 从书中读到的方法，为什么使用起来达不到理想的效果。

其次，我们要懂得如何使用外来的方法。我们说，面对一个好的方法，不能信奉"拿来主义"，但并不意味着"好的方法"没有用，问题的关键在于我们怎样使用这些"好的方法"。

比较好的做法是：先了解每一种方法取得成效时的育人环境，包括学生、班级等外环境，再了解使用者的能力水平与自己的差异，包括个人是否完全理解方法的内核，在确定自己可以使用这种方法并能够掌控可能出现的问题后，再根据自己面对的环境适当调整方法，而不是完全照搬模仿。同时，在实施的过程中要不断调整、优化，通过多次尝试去总结、思考这些方法的底层逻辑是什么。其实，获得底层逻辑的过程，就是揭示方法背后理论支撑的过程，也就是学习方法论的过程。对一线教师来说，普遍缺少的就是使用方法论的习惯。

再次，我们要善于建立自己的认知系统。同样的事情，你努力了两三年，却还不如别人做了一年的专业，这份差距的原因就在于，是否构建出了自己的认知系统。如果我们习惯于使用方法，见到一种就去模仿一种，就不容易形成自己的认知系统，也就无法建构自己的行为模式。这就是很多人读了很多书，掌握了很多方法，看起来知识渊博却行动无力的原因。方法是人家的，你不过是拿来用了用，只是掌握了点皮毛，再怎么努力也还是一个模仿者。有效的学习模式应该是：先用方法来反推方法论——底层逻辑，再用方法论去指导、验证方法。如此循环几次，我们就能快速构建出自己的知识体系，从而顺利形成自己的认知系统。如此，别人的方法就成了我们的智慧，也就实现了高效的学习。

从方法到能力再到智慧，中间有很长的路要走，如果我们仅限于对方法的模仿和借用，不深入挖掘这些方法背后的东西，就永远都不可能获得真正的成长。还是以陶行知"四颗糖"的故事为例，如果只是简单模仿陶先生，也用四块糖来教育学生，这就是可笑的东施效蟹。此外，像把四颗糖换成四朵小红花，或者是换成四个小礼物，依然属于换汤不换药的简易模仿，根本没有抓住陶行知先生的教育理念精髓。其实，我们学习"四颗糖"的故事，需要关注的不是"糖"，而是这四颗糖所代表的底层理念——德育原则中的疏导性原则。我们需要借鉴的不是借用了什么样的"道具"——糖还是小红花，而应该是陶行知先生利用积极因素克服消极因素的基本策略。

我觉得，无论是通过阅读获得的外来经验，还是其他各种渠道学习到的优秀做法，我们需要遵循的无非就是从方法中获得方法论，再用方法论提升方法，以此建立起基于他人经验的独特经验，也就是自我的经验。

其实，如果用一句话来回答这个问题，那就是：不迷信表层方法，细探究底层逻辑。

## 一线教师如何才能走上研究之路

有位年轻教师给我留言："在一次大型教师交流研讨活动中，我遇到了自己的同龄人，我们来自不同的省市。我发现，他们那里的老师与我所在地方的老师有好大的区别：他们很重视研究，就连比较年轻的教师也已经走上研究的道路；他们掌握了多种教学技术手段——与之相比，我们只是皮毛——而且他们都能将这样的手段独立应用于实际教学活动之中。说起来，我也算是一个比较喜欢学习的人，但与他们相比还是差得太远。我想知道，像我这样的教师如何才能真正走上教育研究的道路？"

我非常认同这位老师对区域教师成长生态不均衡的观察。在不同的地区，由于经济水平、地域文化、教育观念等方面的差异，教师对学习和成长的认知存在着很大的不同。有些地区的教师思想新潮、理念超前，有着强烈的学习意识和探索能力；有些地区的教师则封闭保守，习惯于因循守旧，视学习和研究为压力和负担。环境影响人，这种区域的差异鲜明地反映了成长生态对教师发展的重要性——在一个积极向上的环境里，个体更容易趋向勤奋和进取。

让人欣喜的是，这位老师虽然觉察到自己所处的环境不尽如人意，但依然保持了愿意学习的愿望，这是十分难能可贵的。想要在庸常的环境里"独树一帜"，肯定要付出更多的努力和坚守，这是需要有的心理准备。有了这样的心理准备，才有可能去对抗环境带来的负能量，才有可能在追求理想生活的道路上一往无前。那么，接下来可能就是如何才能走上教育研究之路的问题了。

首先，要知道自己想要的是什么。对于中小学教师来说，教育研究属于那种看起来不是特别迫切的行动，可以归类到"重要而不紧要"的类别之中。特别是在单纯追求升学率和分数的地区，倘若当地教育行政部门对教师的评价紧盯着分数，那么教育研究的地位就会更加逼仄。因为，以分数来量化的教育质量基本不需要研究行动，靠挤时间、硬灌输、多布置作业就可以实现，并且可以快速、轻松地得到，谁还愿意俯下身子去研究教育呢？况且，教育研究往往具有滞后性，教育行政的大棒有可能在你还没来得及研究时就已经落下，谁又敢不随波逐流走应试的道路呢？我在这里使用了"愿意"和"敢"，其实是想说，如果你打算做有意义的教育，想走上教育研究之路，你就得愿意暂时舍弃一些东西，就得敢为真教育付出一些东西。换句话说，你要明白自己想要的到底是什么？是暂时的认可、现实的功利和唾手可得的荣誉，还是长久的成长、真正的成功。为什么这么说呢？因为我见过很多的老师，他们胸怀教育理想，要去做理想的教育，但最终都败在了某次考试排名或某种评比的落后上，从而放弃了有意义的研究转向了功利的快速教育。

其次，要试着锤炼自己的反思能力。可以说，所有的研究都是从反思开始的，没有反思意识就谈不上教育研究，没有反思能力也就做不好教育研究。遇到一个瓶颈问题，如果选择绕路而行，也就放弃了启动研究的可能。用一个不太恰当的比喻，反思就像铲向冻土的第一锹，掘开了问题的外壳与表象，研究由此启动。所以说，教师要走向教育研究，首要的是培养自己的反思意识，见到任何事情都要问个"为什么"，还要锤炼自己的反思能力，遇到任何难题都要去琢磨"怎么做"，如此就建立了强烈的问题意识，培养了问题解决思维。反思能力的培养不是一朝一夕可以实现的，需要长久的坚持和刻意的训练，这也是很多人缺少反思能力的原因——坚持已经成为现代人最为稀缺的品质。

再次，要找到适合自己的研究方式。一提到教育研究，很多老师马上就会想到写论文、做课题。其实，教育研究特别是中小学教师的教育研究，与高校学术研究截然不同。我觉得，中小学教师最好多做一些行动研究，多就自己的教育实践和教育行动进行记录、梳理、提炼和总结，成为研究自己的研究者，而不是宏大理论的建构者。所以，我建议一线教师从教育叙事、教育案例等接地气的研究开始，尝试从一件件事中发现教育的内涵、本质和规律。当然，我并不是说一线教师不能撰写论文、不能做课题研究，我的意思是中小学教师可以从叙事研究、案例研究做起，培养自己的研究能力和表达能力，然后再逐步开始较为系统的论文写作和课题研究。也就是说，中小学一线教师做研究，切不可平地起高楼，要注意研究行动的层级和秩序，一步步走向高深的理论研究。

当下，中小学阶段的教育研究形势不容乐观，在一些地区大有从教师成长路线图上消失的危险。在这种情形下，依然愿意走向教育研究的教师值得赞许，希望你们能够在这条路上坚持得更久一些，为基础教育研究点亮一方天地。

# 第五章

## 自我突围：在顿悟中刷新自己

百川归海，是因为它能不断地穿过岩石的阻截；彩蝶破茧，是因为它能不断地咬破丝线的缠绕。成长路上，有巨岩挡道，有乱丝缠绕，只要有颗一直向前的心，就一定可以突破人生的重围。

　　自我突围的前提是自我否定，是"我不愿意再这样子"的顿悟，是在厌倦了平庸、沉沦和麻木之后的奋起直追，是自带动力朝向远方的坚定努力。

# 怎样避免在重复中沦为平庸

## 成长之惑

工作七年，初入职时的激情不再。曾经以为教育充满着浪漫与诗意，经历过以后才发现满是枯燥和重复。有时候，我也想用书中的那些智慧来教书育人，但慢慢地发现那些所谓的智慧并不实用，实际的教育生活远不像书中描写的轻松惬意。看看身边的老教师，日复一日地重复了几十年，难道我也注定会像他们一样走向平庸吗？我怎样才能在重复性的劳作中找到幸福的感觉呢？

## 突围之道

从大多数教师的职业轨迹来看，教育生活的确具有一定的重复性，日复一日，年复一年，看不到大的改变，也不会发生惊天动地的事情。如果我们学不会在重复中发现新奇，在琐碎中寻到壮观，就很有可能在随波逐流中成为"他们"。我觉得，要想突围，首先要弄明白教师沦为平庸的原因，然后赋予重复以真实的意义，在良好的教育关系中创造好的教育。

## 教师为什么会走向平庸

有两个关于教师成长的倡议很有必要放在一起来谈。

一个是朱永新先生的"成功保险公司"的帖子，大致内容是，教师如果能够坚持每天写一篇千字文，用来反思教育生活，十年后一定可以成功；另一个则是叶澜教授的名言，"一个教师写一辈子教案不可能成为名师，如果一个教师写三年教学反思，就有可能成为名师"。这两个倡议都在强调反思性写作的重要性，也都在一定范围内对教师成长产生了影响，有人因为坚信且坚持最终获得了成功，更多的人因激情退去而半途而废。其实，从这两个倡议来看，教师的成功并非惊涛骇浪般艰难，无非是反思与坚持而已。那么，为什么越来越多的教师走向了平庸呢？

一是越来越严重的低龄化主动性躺平。从当下的情形来看，教师成长最大的障碍不是不知道如何成长，而是清楚地知道成长路径，但是自己不愿意成长，主动躺平。在过去，躺平似乎是中老年教师的"专利"，近几年却呈现出低龄化的倾向，这必须引起高度关注。因为工作关系，我接触到的年轻教师比较多，这其中不乏积极上进者，但更多人则是抱着差不多就行、说得过去就好的心态做教师，缺少上进心和工作韧性。再好的理念和精神只对相信的人有用，几乎所有人都认同反思是平庸教师与卓越教师的分水岭，但是如果一个教师并不想成为更好的自己，那么这些理念和要求也就失去了价值。朱自清在《荷塘月色》一文中说："热闹是他们的，我什么也没有。"当这句话被部分年轻教师改成"成功是他们的，我什么也不需要"时，不难看出教师群体中越来越年轻化的躺平现象。这一点其实很可怕，当年轻教师成为专业发展的看客时，那么平庸的恐怕就不仅仅是哪一个人。

二是越来越严重的短视化低层次内卷。除主动躺平以外，还有一类教师，他们渴望成功，特别愿意和同事一争高低，他们往往勤勤恳恳任劳任怨，几乎可以说是没白没黑地加班加点，但他们却很难成为真正意义上的优秀教师，原因是什么？他们的努力品质太低，可以归结为短视化低层次的内卷。所谓短视化，是指他们以为的成功、追求的目标就是在学生考试分数上排名靠前，把教学成绩在本年级能够"数得着"当成职业理想，很少关注学生和自己的未来发展；所谓低层次，是指他们努力的方式无外乎拼体力、拼时间，不讲究科学的教育理念、创新的教育策略以及有效的教学艺术；所谓内卷，是指他们更加关注与别人的较量中自己挤到了什么位次，个人的教学成绩击败了几个人、哪些人，从不会拿自己的过去与现在比，不懂得"今天的自己优于昨天的自己就是成功"的简单道理。这一类教师在中青年教师中占比较大，那么，作为中坚力量的中青年教师队伍，如果不能摆脱这种狭隘的成长观，受到损害的可能会是整个教育。

三是越来越严重的成长"迷茫综合征"。在教师群体中还存在着一些成长迷茫者，他们内心里极度渴望成长，却又没有足够的勇气和能力坚持成长，"有心无力"是这个群体的典型写照。"有心"是说他们是人间清醒，知道青春不能浪费、职业不可荒废，有着成为优秀教师的强烈愿望；"无力"是说一旦落实到行动上，则表现得极度疲软无力，不能吃苦，浅尝辄止，可谓是思想的巨人、行动的矮子。这种"有心无力"原因不同，有的是不知道如何去努力，找不到或找不准行动的方式；有的是知道怎么去做，但不愿意付出相应的艰苦；有的是缺少坚毅和果敢，天天在"卷又卷不赢，躺又躺不平"的纠结中黯然神伤……这个群体是需要引领、鼓励和支持的，从本质上讲他们优于主动躺平者，有别于低层次内卷者，他们只是暂时处于成长迷茫期，一旦被唤醒、被激发就会焕发出勃勃生机，就有可能成为优质成长者。

概括起来说，教师沦为平庸的主因可以表达为：没想法、没办法、不得法。

## 怎样的重复才具有意义

网络上流行这样一个"励志算式"：0.99 的 365 次方约等于 0.03，1.01 的 365 次方约等于 37.8。这个算式经常被拿来强调有效重复的意义：每天多努力一点点，水滴石穿，就会带来质的飞跃；每天失之毫厘，天长日久便谬以千里。同样是坚持，在 0.99 的基础上重复结果越来越小，在 1.01 的基础上重复结果越来越大，这说明坚持的"基础"很重要，在什么样的基础上努力决定了人生的品质。教育工作具有循环往复的特点，教师要想获得高质量的教育人生，得先弄清楚以下三个小问题。

为什么很多教师劳碌一生却没有成就感？不可否认，周而复始的循环式工作状态很容易导致教师趋于平凡，绝大多数教师辛勤耕耘、默默奉献，终其一生也没有取得可视的成功。还是拿"励志算式"来说事，1.01 和 0.99 本是两个相差不大的数字，如果以 1 为标准，那么 1.01 就是在达到标准后多努力了一点，0.99 则是有一丝懈怠，离标准差那么一点点。也就是说，所谓坚持的正向意义，只有在所坚持的行为达到一定标准之后才会发生，否则所有的坚持和努力都不过是事倍功半的重复性劳作。这就可以解释教师辛苦耕耘却收获不足的现实问题，很多教师坚持的"基础"不达标，在没有达到"1"的教育实践上持续用力，换来的只能是越来越淡化的成就感。所以，修炼这个"1"就显得尤其重要，只有先完成"1"的能力建设，教师才能开启有意义的重复。在现实中，教师走向平凡的主因应该就是在没有建设好"1"的情况下坚持与重复。因为重复平凡，自然也就只能变得更加平凡。

为什么有些很优秀的教师会走下坡路？在一线教师中也有这么一些人，他们在体制评价之下特别优秀，教学成绩好、荣誉奖励多，通过努力会达到职业生涯的巅峰期，然后就会慢慢退步，最终走向平凡和平淡。如果我们拿这个"励志算式"来解读，可以这样理解其优秀与平凡：优秀是因为他们经过一段时间的修炼，让自己的教育教学能力达到或者突破了"1"的标准，在此基础上的重复和坚持帮助其走向了优秀；平凡是因为他们在后期的坚持中忽略了"1"的继续建设，啃起了老本，不建设的后果并不是原地踏步，而是与时代渐行渐远，不进步就是后退，故步自封的结果当然就是走下坡路。对于教师职业来说，单纯地坚持和重复必然导致平庸，只有持久地修炼基础能力，让重复的标准大于"1"，才有可能获得终身成长。持续增值的"1"，再加上不懈重复的"365"，才能保证教师一直优秀下去。有一句话说，没有最好，只有更好。我们只有将基础标准不断提高，时间带来的坚持和重复才更具有意义。

怎样才能建设好基础标准"1"呢？所谓的基础标准是指教师一日实践的常态，就是以什么样的姿态履行教育职责，以什么样的方式实现自我能力建设。中小学教师在履行教书育人的职责时，更加关注此时此刻的输出与成效，大多是以学生的表现作为行为准则，很少将自己的真实成长设计于其中。比如，我们在考量一个教师某一学年的业绩时，通常关注所教学生的学业成绩、个人获得的荣誉奖励以及日常工作表现等，其中，所教学生的学业成绩是最核心的元素，因为个人荣誉奖励在现实中都是与学生学业成绩挂钩，而日常工作勤奋努力的多寡也最终要以"成绩"来证明。所以，当下的教师评价体系虽然在形式上是多维度考量，实质上均是建立在所教学生学业成绩上。在这样的评价机制下，教师的教育实践更多关注付出和即时的效果，而忽视个人的成长与发展。好的基础标准应该是这样一种实践模式，既关注学生的成长实效也关注教师的成长发展，简单来说就是在育人的同时实现育己。

重复有没有价值，坚持有没有意义，在于你重复和坚持的是什么。不断地重复错误，就有可能走向罪恶；不断地重复正确，就有可能走向真理；不断地重复成长，最终一定能够收获无限的成长。

## 好的教育关系是彼此成就

有一首小诗《鸟儿死去的时候》写道：鸟儿死去的时候，它身上疲倦的子弹也在哭泣，

那子弹和鸟儿一样，唯一的追求也是飞翔。但它们的相遇却成为灾难，带来了顷刻之间的毁灭。你看，并不是所有的相遇都会成就美好，在努力追求的道路上相逢，也可以带来伤害。如果站在教育的角度来解读这首小诗，则有着更加深刻的意义，可以帮助我们更加理性

地看待教育中的诸多关系，比如师生关系、家校关系、同事关系等。

重点来谈谈师生关系。在中国封建社会，"天地君亲师"是妇孺皆知的信条，诸如"一日为师，终身为父"的认知深入社会基因。很明显，这样的师生关系已经不符合现代教育理念和社会伦理，早已被社会摒弃，当下倡导师生间平等成为社会主流认识。但是，师生关系又具有特殊性，教育传递知识、培育能力、涵养情操等价值，必然决定了教师具有主导作用，会在师生关系中处于主动一方。这就导致当下的师生关系始终处于被质疑、被批判的窘迫之中。迄今为止，怎样的师生关系能够满足教师、学生和社会的多方需求，怎样的师生关系完全符合现代社会精神，还未有定论。

我们可以借助这首小诗来分析师生关系。从中小学教师的普遍心态来说，教师的基本追求是把学生教好，让学生成人成才。在这个世界上，除父母以外，再也没有人像教师一样强烈期待学生考出好成绩。而获得好的学习成绩，拥有美好的未来，应该是所有学生的愿望和心声。可见，教师和学生的目标是一样的，都在为了学生的未来而努力。理论上，师生关系应该是和谐、温馨而又情深意长，但现实中师生之间却问题频出，矛盾不断，像极了鸟儿与子弹的相遇。如果我们把教师的教育看作子弹，学生的成长看作飞翔的鸟儿，就可以清晰地分析出相遇之悲的原因——子弹的理想侵犯了鸟儿的自由。诚如前面的分析，教师在师生关系中天然带有主导特质，会在不经意间侵占学生的成长空间，所以才会出现各种各样的师生冲突与矛盾。

那么，什么样的关系才是好的师生关系？我想用风与树的关系做个比喻，那就是"树因风茂，风依树立"。风能让树长得更加茂盛，这一点毋庸置疑，阳台养绿植就不如庭院养绿植。我觉得，风就如同老师的教育，虽然不能直接决定树的命运，却可以让其长得更加茂盛，这也就是教育的价值，既不能夸大也不能缩水。风要依靠树的衬托展示绰约风姿，这也是自然现象的直接证明，树叶婆娑中闪烁的其实是风的风采。其实，教师的价值或者说教育的价值何尝不是如此，没有学生的成长来证明，我们如何知道教育的效果？从这个意义上来说，学生的成功就是教师的成功，也就是教育的成功。所以，好的教育关系，就是树与风的关系，是相互成就的关系。

我想，彼此成就的教育关系就像是生根剂，在成就学生的同时实现自我成就。这样的付出就不再是蜡烛的燃烧自己照亮他人，而是师生光亮的双向传递。

# 教师的成长应该是什么样子

## 成长之惑

我已经工作七年多了，自认为工作很认真，教学成绩也不错，却总有种碌碌无为的感觉。每天就是按部就班地工作，我既觉察不到个人能力的提升，也体会不到职业的成就感，我感觉不到成长。我想知道，在成长的问题上，我们应该追求一种怎样的状态呢？

## 突围之道

成长一定是自带阻力的，成长的可视效果就是动力超越阻力留下的痕迹。这就说明，教师的成长不会自然而然地发生，也不会轻而易举地发生，它需要教师自觉的行动、持续的坚持和痛着的忍耐。从某种意义上来说，成长就是一种突破和挣脱，突破平静而慵懒的生活，挣脱纷至沓来的、向后的拖拽。

## 成长不能依靠自然积淀

有一幅漫画，画的是一个人挖水井，每当快要挖到水的时候，他就换一个地方重新挖。如此一番折腾，他挖出了很多快要触及水面的深坑，却没有挖出一口水井。这个漫画故事经常被用来强调持之以恒的意义，我倒是觉得它更精准地阐释了成功必须遵循的二八定律——少数关键因素对整体结果有决定性影响。还是以挖井人为例，他所挖的深坑如果累积起来，早就可以喝到清甜的井水了，为什么没有成功呢？他没有解决从坑底到水面的那一小段距离，而恰是这一小段距离让他像别人一样忙碌，却没有得到别人那样的成功。所以，这一小段距离就是影响成功的那"少数关键因素"。

为师者也是如此。我曾对一些成功教师和普通教师做过工作时间上的对比分析，结果发现绝大多数教师无论成功与否，他们用在工作上的时间基本相当，上差不多的课，批改差不多的作业，和差不多的学生谈话，但是最后有的人成功了，有的人碌碌无为，原因在哪里？很简单，绝大多数老师是那个挖坑的人，只有极少数老师在用合理的方式挖井。

每当想到这里，我都会为那些很忙碌却又挖不到井的老师们感到委屈：彼此付出差不多的时间和精力，仅仅因为忽略了"少数关键因素"而失去了走向卓越的机会，的确是一件很让人不安的事情。俗语说，二十四拜都拜了，还差那一哆嗦？是呀！该做的都做了，该努力的也努力了，最终为什么不顺势完成那一哆嗦呢？由此，一个人追求卓越，不仅是精神境界高使然，更是源于付出基本努力之后的不忍与不甘——我们本该更好！就差那么一点点，为什么不去试一试呢？万一卓越了呢？

无数平凡的累积与叠加，一定会成就卓越吗？漫画上的那个人已经用行动做出了回答，不一定。他挖了那么多坑，最终得到的依然是很多很多的坑，并没有一口井，数量的累加没有帮助他获得成功。但有的时候，累积和叠加也可以生成好的结果，比如我们常说的"水滴石穿"，只要水滴不停地滴，总有一天可以滴穿石头，这说明只要坚持不懈，集细微的力量也可以成就巨大的功绩。

于是，这个"水滴石穿"成了很多人不愿意额外付出的理由——一成不变地努力就可以成功，为什么还要千方百计地去探索呢？于是，选择日出而作、日落而息的老师越来越多，选择随波逐流、顺其自然的老师慢慢成了主流……在某些时候，持续的按部就班、不懈的循环往复也许可以成就卓越，但是需要漫长时日的等待。在不计生活成本的自然时空里，水滴石穿是一种美好，但在具体的生活之中，只是一种可以制造抚慰但并不实用的精神饰品。

试想，假如我们要把一块石头穿出一个孔，用于某项工程或者工作，水滴石穿能够解决我们的需求吗？显然不能，但是现代科技就可以做到，我们可以采用高压水射流技术，把水射流的速度转化成压力，很快就可以将一块石头穿出我们需要的洞来。同样是水，一个是顺其自然慢慢流淌，一个是巧妙地施压凝聚力量，"石穿"的速度和质量相差甚远，这就涉及效率和生活实用性的问题。在很多时候，未来可及的成功，我们是等不起的，卓越亦是如此。

当下的教育，孩子的人生，不容我们依赖岁月积淀来获得珍贵的历史包浆；教师的成长，生命的提升，也不可能留给我们成千上万年的日子。从平凡到卓越，需要自我施压，并借助有效的技术从容而迅捷地行走——理想会给予我们足够的压力，实践、阅读、写作和研究就是有效的技术和方法，这五个元素的融合互动，足以帮助我们获得走向卓越的水射流。

## 教师需要爬坡式的成长

要知道，教师在工作六七年后，大多在单位里已经有了稳固的"地位"——好的，已经不用再去证明自己的"好"；不好的，已经不屑再去证明自己能够"好"。换句话说，他们在这个阶段开始选择顺其自然，开始心安理得地默认当下的"好"或"不好"。在这个阶段还对成长有质疑和追问，这是很难得的。在此，我愿意和这些因停滞而感觉不安的老师谈谈成长的话题。

在当下，教师的成长大多源于自然发生的经验累积，趋近于文物包浆的形成或者茶垢的由来。一个工作多年的教师，一定会有经验层面的积累，并且随着时间的递增积累的数量会越来越多。但是，这种积累极其缓慢，在匆匆流逝的岁月长河里会让人产生停滞感。而且这种经验累积型的成长大多属于浅层次的，就像卖油翁的"手熟尔"一样，属于熟能生巧的表面功夫，几乎不会有根本上的创新。

很明显，这不是教师专业发展所需要的成长。那么，我们到底需要什么样的成长呢？我觉得，当下的教师最需要爬坡式的成长，那种具有跨越甚至颠覆品质的冲击性成长。爬坡式成长的逻辑，可以这样解读：有坡度，才有高度；有高度，才有坡度。前者解释了爬坡式成长的重要性，后者解释了怎样才能走上爬坡式成长的正确道路。

我们先来谈第一点——有坡度，才有高度。不久前，我参加了王亚楠名班主任工作室的读书交流活动，一位工作室成员在分享感悟时说："作者写的这些做法和经验，有很多我们也做过，但是作者写成了书，而我们却什么也没有留下……"这个感悟很真实，是发自内心的一种醒悟式的表达，也是大多数教师生活方式的再现。对于很多教师来说，做了很多事情，解决了很多问题，却没有让这些实践和经验的价值最大化，既没有对实践进行回顾反思，也没有对经验教训进行梳理提炼，白白浪费了本可以助推自己成长的实践营养。其实，这也是造成教师成长不可见或停滞的主要原因之一。

如果我们认真分析教师的教育实践，就会发现大多数人只是随着教育生活的洪流亦步亦趋，行为轨迹更近似于一条水平线——毫无坡度可言。我觉得，对一件事情而言，做了，一直做，重复做，就是非爬坡式；做了，一直做，在不断的改进中持续做，就是爬坡式。如果每位老师在解决完一个学生问题后，都能够对解决的过程和结果进行有效的反思，就可以发现事件处理的不足或经验；如果对这些不足和经验进行有效的处理，或改进或提升或形成可供借鉴的样本，就可以在以后处理类似问题时有更好的思路和策略，问题也就会获得更加完美的解决。如此，做——反思——改进——更好地做——更好的成效，这就实现了爬坡式的成长。

再来谈第二点——有高度，才有坡度。为什么很多教师一生会碌碌无为呢？那是因为他们缺少了爬坡式的成长。如果再继续追问，他们为什么没有进入爬坡式的成长呢？答案很明显，他们没有规划出教育人生的坡度。其实，坡度是需要规划和寻找的，要想在爬坡中获得成长，就要先拥有可供攀升的斜坡。甚至，我们还可以继续追问，为什么他们没有自己的斜坡呢？我想，这是因为他们缺少斜坡形成的另一端。教师行走的起点和一段时间后的终点，如果存在于一条水平线上，那轨迹就会呈现为"一马平川"。要想建立起必要的坡度，就必须把打算要落脚的地点设计在高处，也就是要有高处的理想。

当一个教师将行走的终点置于较高的地方，脚下的起点与终点之间就形成了一个坡度，也就有了获得爬坡式成长的斜坡。这也就是我所说的，只有树立了高远的目标，人生才会拥有可供攀爬的道路，也才有可能走向真正的成长。为什么现在很多教师没有行动的激情和动力？大多是因为理想的缺失。一个人越没有高远的追求，就越容易陷入疲惫不堪的庸常挣扎，也就会越发焦虑不安。相反地，当一个人选择了高处的光，就会在光的指引下昂首向前，脚下的很多磕磕绊绊就会被忽略，甚至会成为追光路上的消遣。

最后，我想分享自己的一点感受：只有走在爬坡的路上，才会拥有无限的希望和力量。因为，无限风光在顶峰。

## 成长是一种不间断的努力

教师要有不间断的危机意识。人最难的，是能够看到自己的不足；更难的，是在知不足后从容地否定自己。一位教师，特别是已经小有成就的骨干教师，很容易滋生"小富即安、小进则满"的惰性思想，会觉得自己在学校里是数一数二的名师，不需要再去精研教学业务，也不用再苦练教学基本功，抱着吃老本的想法日复一日地重复教学工作。其实，这是一种很危险的认知，教育是一项不断发展的事业，成长是一种永无止境的进取，一成不变的技术应对不了汹涌的未来。看看我们的身边，有多少曾经令人仰视的知名教师，在十年、二十年后变成了普通人的样子，原因是什么？主要就是，当他们觉得自己遥遥领先时，就放弃了本该继续的行走和前进，选择了自我满足和裹足不前。

其实，一个人的觉醒往往从意识到自己与世界的差距开始。当有一天，我们开始感觉到自己与时代的差距，觉察到自己的教育能力不足以与时代对等，也就是我们开始有危机感的时候，成长也许就得以持续保持。不仅骨干教师要有危机意识，要有能力保证自己不从名师沦为平凡或平庸的人；普通教师也要有危机意识，要确保自己不被时代的洪流淹没，不要成为教育发展的累赘和学生成长的绊脚石。这就要求我们要善于自我追问：这节课，比起上一次讲时有没有提高？这件事的处理，比起以前是否有所改善？抑或是给自己这样的自我警示：今天的我，比昨天的我是不是更加热爱教育？今年的我，比去年的我是不是有了进步？

教师要有不间断的创造动机。一个普通的教师，可能会把第一节课上千万遍；一个优秀的教师，则是把千万节课都当作第一节课来上。这也许就是普通与优秀的区别。其实，真正能够证明自己优秀的，只能是你创造了什么，而不是重复了多久，重复得多累。有的老师一辈子忙忙碌碌，算得上是兢兢业业的履职者，但这种忙碌仅限于毫无波澜的重复，倘若要是问起来"你创造了些什么"，他们往往会瞠目结舌，无言以对，这也许是绝大多数一线教师的生活写照——当我们离开教育岗位时，没有什么东西可以证明我们做过教师；当我们回望几十年的教育生涯时，竟然没有为教育留下只言片语。

我希望教师成为创造者，至少要有创造的动机，要有不再让教育实践简单重复的想法。怎样才能做到不重复？那就需要对每一次教育实践活动进行及时梳理，总结经验，筛检问题，对经验进行弘扬，对问题进行修正，这样就可以确保每一次都比上一次做得更好。如此，教育生活的每一天都充满新鲜和期待，必然会带给教育更多可能，也会让成长更加生动。

教师要有不间断的成长能力。缺乏危机意识，会让教师在自我满足中失去成长的愿望；缺少创造动机，会让教师在低效劳作中泯灭意志。其实还有一种可能，那就是教师虽然有成长的想法，却缺少成长的能力，也就是不知道自己应该怎样去成长。在中小学教师群体中，不知道如何成长的教师大量存在，主要表现在以下三个方面：一是对成长的理解有误区，有些老师将成长与付出直接画等号，以为只要是勤勤恳恳、忘我工作就能成长，导致很多老师终其一生难有建树；二是不懂得借力成长，有的老师不善于向他人学习，不善于借用外来经验，导致成长的效率极为低下；三是没有自己的研究方向，不会在自己擅长的领域持续集中发力，导致无法形成自己的独特优势和明显特色。

教师要想在成长的道路上顺畅行走，首要的是要有成长的愿望，知道怎样的成长才是真正的成长。成长应该是什么样子呢？《礼记·大学》里有句话说："苟日新，日日新，又日新。"这是商汤王时刻提醒自己要及时反省和不断革新的箴言，也是我们教师应有的样子。所以，我们所认同的成长，应该就是让每一天的自己都优于昨天的自己，每天都有所变化，每天都有不同的上升。怎样才能不断上升？我觉得除了自我反思、自我总结，还需要外力的支持，那就是学习和借鉴。比如，向身边的人多请教，向远处的名师多学习，还可以通过阅读获得专家智慧，等等。当然，学习借鉴只能够引发小的成长，真正的"大成长"还需要自己开展凿井式的深入研究，将自己的特长打造成特色，从而在某个教育领域拥有话语权和标志性成果。

我一直强调"不间断"，是想告诉大家真正的成长不会骤然而至，也不可能"一口吃成个胖子"，它需要我们连续地用力、持续地坚持，在微小而又漫长的积淀中成就人生的丰盈。

# 如何成为自带成长动力的人

## 成长之惑

我愿意去成长，但真行动起来却又感到困难重重，无从下手。有时候下定了决心，又开始打退堂鼓——即使努力也不一定会有收获，也就慢慢选择了放弃；有时候心里很想，却总是迈不出去行走的第一步；也有时候，忙了累了，就不自主地告诉自己先放放吧，以后再努力……这也许不是我一个人的问题，周围的同事也有同感，本来很想去做一件事情，但因为杂事太多抽不出时间来，行动计划也就一再搁浅，我们怎样才能有行动下去的毅力呢？

## 突围之道

怎样才能成为一个自带成长动力的人呢？这是一个关于教师自我修行的话题。教师的成长说到底是自我的成长，无论是培训引领还是奖励激励，解决的都是外在的动力问题，只有源自内心的愿意成长才是关键内因。摁着牛吃草肯定不是成长之道，激发自我动力，让自己成为一个自带成长动力的教师，这是教师解决成长问题的关键。

## 拒绝躺平是自我成长的第一步

如果一个教师选择了躺平，其人生也就开始步入温水时代，既不冷却，也不会沸腾。如果越来越多的教师选择了躺平，教育就有可能走向"平平"，这显然不是新时代教师的理想职业状态，也不是现代教育所希望的远方和未来。从这个角度来说，躺平是人生中不应该有的，必须引起警惕。留心观察，我们会发现躺平者大致分为两类：一是先天型的，二是后天型的。

先天型的躺平者。有些教师从入职就自带躺平基因，既没有做优秀教师的想法，也没有被人认可的愿望，我随我愿、我行我事——不过是个工作而已，那么紧张干吗！这样的教师虽然较少，但的确真实存在。有位新入职教师，在接受岗位适应性培训时呼呼大睡，当培训组织者问及"为什么不珍惜学习机会"时，他振振有词地说："我像迎接高考一样考了五年教师岗，现在好不容易入职了，还不得好好歇歇？"像这个年轻人一样，有些人参加教师岗位招考的目的就是"一劳永逸"，拼上个三五年进入体制内，然后躺在体制的温床上睡大觉。可以说，持有这种心态的年轻教师越来越多，如果不及时采取必要的手段进行干预，一定会对教师队伍的整体发展带来危害。

那么，如何进行干预呢？可能的路径是：正向引导，让其看到周边人的优秀——心动；增责加压，让其试着承担责任、接受压力——行动；强化体验，让其收获踮起脚就摸到的成功——生动。心动了，行动了，有了生动的感受，"躺"的念想就有可能慢慢消失。这类躺平者激情一旦被激发，改变就成了自然而然的事情。当然，这样的改变难度很大，需要智慧、时间和科学的方法，对学校管理者是一个很大的考验。

后天型的躺平者。有些教师的躺平不是"与生俱来"的，而是在成长过程中一点点"演变"过来的。这类躺平大概有这么两种表现：一是教育实践的慢慢套路化，二是教育情感的逐渐板结化。前者是说，教师在工作一段时间以后，丧失了"寻变"意识，教育实践进入"以不变应万变"的套路阶段——以同样的方式上不同的课，以同样的方法处理不同的问题。后者是说，选择躺平的教师通常表现为职业情感的淡漠、职业激情的消失和职业理想的殆尽——主动降低对自我的要求，刻意放弃对未来的追求。这种后天型的躺平大都不是教师有意为之，"躺"的想法多为岁月和烦琐累加的结果。也就是说，绝大多数教师在入职时都满腹激情，只不过是在经历了时间的磨砺后才进入了职业"高原期"，从而出现成长暂时停顿的现象。从这个意义上来说，这属于教师成长的一个阶段，需要积极克服、突破。

教师"高原期"突破的关键在于唤醒冲动、重燃激情，可能的路径是：锤炼个人意志，提高"二次呼吸"的意识，就像长跑者突破高原期一样实现自我调节；重新规划自己的职业生涯，给自己再出发的理由和依据；积极自我更新，寻找新的发光点，在未抵达的区域重新着色，发现更好的自己。成长的暂停是正常形态，每个人都会在成长路上出现停顿，问题的关键在于当停滞来临我们能不能重新开始，再扬风帆。

## 自己才是成长的关键力量

每个教师都应该成为自带成长动力的人。

有一句俗语大家都很熟悉——火车跑得快全靠车头带，意思是火车的动力全部来自火车头，火车凭着车头的带动才能飞速前进。放在现在的高铁时代，这句话就很落伍了，因为高铁的每节车厢几乎都自带动力，所以高铁要快得多。对于教师来说，要明白这样一个简单的道理：生命中任何有价值的东西都需要付出努力、耐心和辛勤的劳作，成长自然也不例外。自带动力的成长方式有很多，大致可以分为三个层次，分别是自我成长、自主成长和自觉成长。

自我成长。人们对于真相的认知需要时间，比如对教学的认识，从"重教"到"重学"的理念转变依然任重道远。教师的成长亦是如此。在过分推崇外部诱导、管理施压或政策推动的教师培养理念下，我们似乎更多地在做"摁着牛头吃草"之类的傻事，缺乏手段去唤醒教师的自我意识，从而导致当下的教师培训出现"高耗低效"的尴尬局面。其实，教师的成长首先取决于自我意识的被唤醒，当一个人有了良好的自我认知和精准的自我评价，才会产生自我提升的激情和信念。此时，那些外部的成长力量才有可能"趁机而入"，成长也才有可能真实地发生。只有愿意成长了，成长才能够成为可能。在今天，我们应该更加强调自我成长，培养教师自我成长的意识和能力。

自主成长。当下，很多教师喜欢把个人成长的不到位推卸给环境、体制和他人，比如学校工作太烦琐没有时间学习，评选和评价机制不合理、不公平等。在这种意识之下，教师就有可能心安理得地接受自己的平庸与平凡，从而放弃自主成长的可能。其实，教师成长的关键在于"自己培养自己"，也就是能够自主规划成长、自主开展成长行动、自主实施成长评价，建构起一种以"有序而理性的思考—积极而浪漫的行动—恒久而有力的坚持"为路径的自主成长范式。主动而有规划的成长，才具有不竭的力量。

自觉成长。如果说，自我成长明确了成长的主体——成长是自己的事情，自主成长明确了成长的方式——自己培养自己，那么自觉成长所要解决的就是成长的动力问题。成长的动力从哪里来？当然是教师的觉醒与觉悟。这其中很重要的就是建筑自己的内心世界和精神高地，让那些略显自负的清高、不被人理解的梦想，还有不肯向世俗妥协的骄矜，为自己的人生带来平静、快乐、眼界和笃定。这些东西驻扎在心里，有可能会生长出独自成长的勇气、被现实倾轧时的支撑，推动教育实践的主动沉淀、教育思想的积极建构和教育理想的自我实现。

其实，这个世界上真正在乎你的，只有你自己。成长是自己的事情，你不去努力，不去竭尽全力，又有谁会不断给你鞭策和动力呢？

## 守护好时间的"自留地"

当一个人回望自己碌碌无为的过往，说得最多的就是：我也想去做，就是没有时间。其实，对于大多数教师来说，你不是没有时间，只是缺少行动的决心。换句话说，只要你愿意，时间总会有的。

2016 年至今，我出版了十本书。每次新书出版都会有人问我："你平均一年出版一本书还要多，时间从哪里来的呢？"时间是这个世界上最公平的存在，无论高贵还是贫贱，我们每天拥有的时间都是 24个小时，一分钟不会多，一分钟也不会少。但在这相同的 24 小时里，每个人实现的人生红利却大不相同，原因是什么呢？这就涉及时间管理的问题。如何提高时间管理的"产出效益"？从我个人的经历来看，大概要经过三个摸索阶段。

挤时间，解决时间长度的问题。在刚刚工作时，我算得上是挤时间的标兵。因为我有这样一种关于成功的逻辑：一个年轻教师靠什么在学校里站住脚？教学成绩！快速获得成绩的最好方式是什么？付出更多的时间（也就是我们曾经盛赞过的勤奋）。时间从哪里来？挤！于是乎，压缩吃饭的时间，压缩娱乐的时间，压缩休息的时间……当一个人将必要的睡眠以外的时间都放在工作上后，教学成绩一定会反馈一个满意的回报——那时，我的教学成绩始终占据年级最高位次。但是，这种挤时间的做法副作用也特别明显——无限拉长工作时间，不计效率拼体力，其结果必然是"事倍功半"。更重要的是，要想让挤出来的时间快速产生效益，就要挤占学生的时间，题海战术、延时战术都是彼时的行动方式。于是，就产生了另外一个"恶果"——我成了一个令人讨厌的好老师。学生讨厌我，因为我对他们苛刻；领导和家长认为我是个好老师，因为我可以带给他们需要的高成绩。

省时间，解决使用效率的问题。当我开始做学校管理以后，工作内容不再是单一的课堂教学，也就不可能将自己从吃饭睡觉中"挤出来"的时间全部用在学生身上。怎么办？我开始无师自通地进行时间管理，让七零八碎的工作时间产出最大效益。首先，我将自己的24个小时分成几个时间区域，比如工作时间区域、生活时间区域、学习时间区域和休闲时间区域等，并给工作时间区域以外的区域设置固定时长，以确保必要的睡眠和基本的生活，让自己成为一个正常生活着的人。其次，我开始追求工作时间区域内的产出效率，通过时间统筹让自己在单位时间内尽可能多地做更多事情。比如工作清单法，就是将每天的常规工作按照工作需要进行排列组合，形成具体的工作清单，每完成一项就随手画掉，让自己时时刻刻知道自己还有多少工作要做。再比如应对突发性工作，可以按照工作内容及轻重缓急来决定怎样与常规工作融合，能合并的合并，能变通的变通，尽量不影响常规工作的进程。当然，优化教学艺术、修炼管理能力是提高效率更为具体的行动。

造时间，解决时间浪费的问题。所谓造时间，也就是变废为宝。时间始终就是那么多，没有人可以制造出新的时间，我们唯一能够做的，也许就是把那些可能会被虚度的光阴，一点点地拽回到沸腾的生活里。当下最消耗时光的，应该是电子产品带来的无限制娱乐。想想，我们有多少时间是浪费在看视频上，有多少时间是用在浏览无用的网页上，又有多少时间是消耗在网络游戏中？除了网络，每天还会有那么多的事情妄图从我们的手中抢夺时间，我们不会造时间能行吗？那么，怎么造？怎么才能从"敌人"手里夺回时间？"番茄工作法"是一个不错的选择，可以帮助我们将时间聚拢在工作任务上。类似的方法还有很多，我们每个人总能找到适合自己的。

总之，时间需要适当去挤，更需要提高效率去省，同时还不能浪费。当然，这些解决的还只是外在问题，一个人若想让自己的每个24小时充满意义，最重要的就是要有一个始终如一的目标追求，也就是我经常说的时间"自留地"——给自己一个足以抵抗一切的坚定、永恒且不可更改的诺言，并让它不断产生能量和动力。

其实，守护好时间的"自留地"，就是开辟了一块人生的自留地，守住它，也就守住了一切，包括力量。

## 在自己喜欢的事情上多做努力

在成长的道路上，我们经常会面临这样的境遇：想要按照自己希望的样子去生活，却又不得不去应对自己内心所排斥的生活。这种两难的纠结如果处理不好，很可能会成为消耗激情和动力的主因。那么，当我们不得不面对这样的问题时，应该如何处理呢？

2010 年，我被推到了学校中层管理岗位，负责学校的政务工作。当时，我们学校是九年一贯制学校，政务工作比单一的小学和中学要多出一倍的工作量。我还同时兼任年级主任和班主任，承担着两个班级的数学教学工作。因为自己还可以写点文章，学校所有的材料几乎都要由我来完成，校报的编辑工作也压在我的身上。最初的那段时间，我被迎检、做材料、整档案等事务性工作缠身，教学和班级管理似乎成了兼职工作。就像很多老师一样，我也在"想做"与"不得不做"之间纠结痛苦，尤其是自己坚持多年"每天一篇文章"的写作习惯被迫改变时，我更是万分焦虑——我不想成为一个事务性的管理人员，不想脱离已经筑好的专业成长轨道，更不想在名利的漩涡中无意义地纠缠。

这种混沌的生活大概持续了两个月，我不得不拿出一个下午的时间认真地与自己进行了一次对话：我想要的到底是什么？现在的环境之下怎样才能守住自己想要的东西？在把自己想明白之后，我重新对自己的生活状态进行了规划：工作时间之内要有主次之分，课堂和学生永远放在工作的第一位；业余时间要有坚持和坚守，写作和反思习惯坚决不能丢。就这样，在处理具体的事务性工作时我有了自己的原则，可以应付的就不要过多耗费精力，不能应付的就聚精会神提高解决效率。如此，就可以在琐碎中挤出一些时间给自己。请记住，千万不要对所有的事情一齐用力，更不能用一样大的力气。

对于教师来说，特别是那些因教学能力突出而走上管理岗位的教师，通常会面临两个选择：一是在管理的道路上走下去，成为学校管理者；二是在专业的道路上走下去，成为名师乃至专家型教师。选择不同，着力点就要相应有侧重。

参考我的经历，当一个人面临类似的纠结时可以这样去做：一是选择，在关键的时候做出自己的选择，但选择就意味着放弃，选择了A就要放弃B，这需要极大的勇气和对自我的超强判断能力；二是修正，很多时候我们无法做出决绝的选择，或者环境暂时不允许我们去选择，那就保持现状，区分好主次并积极向自我挖潜。可以看得出来，我的选择是后者——修正。原因很简单，那个时候我没法选择离开管理岗位，不是因为那个岗位是个"小官"，而是因为我不能辜负信任我、赏识我的校长，不能一拍屁股走人让他失望。我当时心中暗自下了一个决定，一旦校长退休我就离开。事实上，我最后也是这么做的。

人生最怕的是纠结犹豫，因为，心定了，力量才会来。

# 教师成长的更远方是什么

## 成长之惑

我是一个有着十五年教龄的老师，正处在一个"不老不少"的职业尴尬期——往前走，找不到出路和方向；想躺平，内心又有所不甘。刚开始工作时，我觉得自己成长得很快，教学成绩比较突出，县级荣誉奖励也拿了不少，职称晋升还算正常……最近一两年，我陷入困惑期，总是感觉自己没有再提升的能力和空间了，也不知道应该怎么去努力了。像我这样的老师，接下来的职业生涯应该怎么进行规划？

## 突围之道

与其说这是一个职业尴尬期，倒不如说是职业爬坡期。工作十几年后，个人业务能力基本上能满足工作需要，该争取的荣誉、该做的努力都已经尝试过，这时候的教师是极易选择躺平的。其实，教师成长不仅仅是业务能力的提升，还应该包括生活品质的优化与改善，以及对诗和远方的追求和向往。

## 选择生存还是生活

我刚参加工作的时候，恰逢国有企业"打破三铁"的收尾期，社会上盛行的说法是，接下来要打破教师的"铁饭碗"。每次开全校教师会，校长最后的那句话一定是——成绩倒数的老师，你就等着下岗吧！

这句话很有杀伤力，因为大家都亲见了"下岗工人"的存在，也就对"下岗教师"的到来深信不疑，继而为饭碗的问题而瑟瑟发抖。像我这样的新教师自然更是害怕，每天上班都像是被一根结实的缰绳拴着，时时提醒自己要拼命去抓分数，千万别下了岗。有了要下岗的"精神镣铐"，我在最初的几年里干得很累、很拼，每次考试比学生还紧张，唯恐自己的教学成绩垫了底。我周围的同事同样紧张，对于考试分数的在意比我更加过分，也出现了很多让人哭笑不得的事情，甚至是违背教育规律、有损教育形象的行为。

当教师的教学是为了生存下去时，教育就成了一种极其可怕的拆台式竞争，教师的集体意识会被严重破坏。有的老师会在教研活动中留一手，唯恐好的教学资源被同事分享，从而破坏了原本需要集思广益的研修活动；有的老师会将同事视为对手，在一分一毫的对比中暗自较劲，从而破坏了原本应该和谐共进的同事关系……在这样的氛围之下，教师之间充满算计，最终导致每个人都感到累与疲倦。而如此种种，就是为了确保自己在考核中不会被淘汰，也就是能够在单位中生存下去。

当教师的教学是为了生存下去时，分数就成了教师的唯一追求和证明，教育的内涵与意义会被无限制压缩。有的老师会在考试过程中作弊，安排学生在考场上缔结"一帮一"式捞分共同体；有的老师会在试卷下发后千般努力，替学生争取分数；有的老师会以分数为唯一标准为学生贴上优劣标签，教育中的歧视、体罚及种种不合理大都源于此。其实，分数是一把双刃剑，它在一定程度上可以作为调动教师积极性的手段，但最大的隐患就是有可能沦为"唯分数"。可以说，这些年的教育，无非就是在探索分数与教育评价之间的关系，也就是如何让分数成为"其一"，而不是唯一。

就是在这样的教育生态中，教师职业的幸福感、神圣感乃至安全感一点点蒸发。一个内心被恐惧裹挟的人，怎么可能会真心对待学生？又怎么可能对教育倾注满腔热情？现在再来反思最初几年的教育，我觉得自己是在完成一项竞争性任务，不仅自己恐惧不安，也肯定会将这种不安通过教育传递到学生心里。在生存理念之下，学生是工具，是教师得以生存下去必须借助的工具，其本身往往就容易被忽略。

在我看来，教师最需要的还是把教育看成生活，是生活就可以接受一路上的风风雨雨，是生活就可以面对旅途上的起起伏伏。在生活理念之下，学生的成绩出现了下滑，就似遇到了一段上坡的道路，停下来好好想一想怎么稳住，然后想办法迈过去，一切也就好了。如此，不会有即将失去一切的绝望，不会有过不了这道坎的悲观，教育自然也就不紧不慢，自自然然。在生活理念之下，教师就不会把职称、荣誉等看成是至关重要的节点，就不会有得不到的失落，也不会有得到后的狂欢。一切都在静水流深中看淡看浅，得到了是水到渠成，得不到是静待花开。

我想，这位教师大概就是因为受生存理念的影响，目标过于明确，行动过于决绝，在一番冲撞突围之后突然陷入了迷茫——就像一个只顾匆匆行路之人，在到达目的地之后会生出一种无力感。于教师而言，从入职的第一天起，就应该保持生活的丰富，而不应该是生存的逼仄。

## 要有对远方的向往

网络上流行一个段子：站在一楼，你看到的是满地垃圾；站在二十楼以上，你看到的全是风景。其实，生存与生活的区别，就在人生定位的高低——在低处尽是鸡毛蒜皮，在高处则为荦荦大端。这种格局的差异，决定了人生的境界，教师的格局就决定于是否有远方，是否有对远方的向往。

生存理念主导的教师看学生，关注的是一堂课的表现、一次考试的成绩、一个具体的行为，可能就会因课上交头接耳、考试名次后退以及上课迟到等对学生进行定性，也会因这些细微的瑕疵而心生厌烦或焦虑；生活理念主导的教师看学生，关注的是生命的远方、综合的素养以及未来的可能，就不会因为一时一地的具体表现而以偏概全，也不会因琐碎的事情而影响情绪。举个简单的例子：一个学生在某次测试中后退了两个名次，有的老师会如临大敌，焦虑不安地认为这个学生出了大问题，但有的老师却会认为这是学生成长过程中的正常现象，属于正常的波动。这两种态度体现了教师的认知层次，甚至是所谓的格局。

对于教师来讲，一定要有对远方的向往，让自己的职业境界定位高远。这句话听起来比较务虚，但落实起来有路径可以遵循。

其一，看学生，要关注系统的完整而非片面的完美。在学生问题上，要保持彻底的完整主义，在看到学生的缺点时也要看到长处，在看到学生的成绩时也要考量品德，既不要将某一个点无限放大，也不要轻易忽视微小细节。围绕分数而开展的教育行为一定是短视的，一定是充满竞争和挤压的。当一个人忙于眼前的焦虑时，哪里还会有朝向诗和远方的眺望呢？所以，我们建议教师要有完整的学生观，只有具备了对一个人的综合评判能力，才有可能放弃对某一方面的焦虑，也才有可能走向教育的远方。

其二，看自己，要关注终生的成长而非具体的成功。对于教师来说，只有不断地成长，没有终结性的成功。就像这位老师所言，能拿到的荣誉奖励差不多都拿到了，感觉自己算是比较成功了，然后就失去了继续行走的目标和勇气，原因在哪里？我想，这是教师一味追求具体成功的后果。有些教师喜欢给自己制定具体的成功目标，比如评上哪个级别的名师，晋升到哪个层次的职称职务，当既定的目标实现，如果没有更高的目标接续，必然会生出"无所事事"的迷茫感。要想阻断这种迷茫感，最有效的办法就是调整对职业目标的认知，把关注点放在成长上，不为成长设终点。

这个世界上，只有成长是没有界限的，也只有关注成长的教育才是真正的教育。

## 教师成长需要有成果意识

什么是成果意识？有两个维度上的理解：一是指向目标性成果，

就是要求教师要有导向思维，在做事情之前弄清楚预期的结果是什么样子，并根据预期目标去规划、确定获得理想结果的最佳途径；二是指向终结性成果，就是要求教师要有句号思维，在经历或完成一件事情后，能够及时总结经验、反思教训，梳理提炼出一线实践成果。这两种思维，既关注了教育实践的开头，也注重了教育实践的结尾，对于教师的专业发展和成长具有十分重要的价值。从现实来看，凡是能够获得较大成功的教师，几乎都具有强烈的成果意识。可以说，成果意识是一个教师走向"有名"的关键因素。那么，如何树立成果意识呢？我认为，可能的路径有两个。

其一，善于设定方向，确定目标性成果。以目标为导向，用成果来倒逼，是促进教师成长的一种重要方法。无论是做事还是成长，我们都必须具有清晰的目标，需要预设一个值得追求的目标成果。有了目标，教师的教育实践就有了动力和激情，在行动时就可以跳出"手段"的低视角，就可以想到一千种办法去实现，想到一万种办法去解决。所以，我建议"叙事者"们都要树立目标成果意识，每半年更新一次成果目标，比如这个学期我要发表三篇文章。你一旦明确了"发表三篇文章"这个目标，你的写作就有了动力和方向，你就会千方百计地去观察生活，寻找最值得记录的素材，就可能会逼着自己提升写作的水平和质量。也正是因为有了这样的追求，你才会有动力去投稿，去寻求他人的指导和帮助，也才会有成功的可能。

其二，善于总结提炼，形成终结性成果。作为教师来说，最重要却又最容易被忽略的能力就是——画好每一件事情的句号。其实，我们每经历一件事情，每走过一段路，都会或多或少收获一些经验或教训。这些经验或教训并不会直接呈现在我们的面前，而是需要我们采用"回望"的方式去挖掘，使用"淘沙"的方法去萃取。而成果凝练的主要方式当然就是写作。用文字把所得的经验或教训物化出来，需要经历一系列缜密的思考和逻辑的建构，这个过程可以提高教育实践的效度，这也就是"写比说难"的重要原因。而恰恰因为"难"，也就更有价值和意义。"叙事者"倡导每周一篇教育叙事，其实就是在帮助教师形成画句号的习惯。

　　一个教师的优秀，在于教育实践过程的高效与高位，在于教育实践结果的优质与优秀。所以，教师要想走向优秀、走向成长，就要树立起坚定的成果意识，以目标性成果引领、指引自己的教育实践，凭借终结性成果梳理提升自己的教育经验。

## 从专业化走向个性化

　　我曾受北京师范大学邀请，为教育部中小学"领军教师研修班"作了一场关于课题研究的讲座。"领军教师"的完整表述是"新时代中小学学科领军教师示范性培训培养对象"，教育部对其定位是培养在学科领域内具有示范引领作用的卓越教师，为教育家型教师培养后备军和预备队。按照相关规定，在两年培养期内，他们要通过系统的课题研究凝练自己的教育理念，打造个性化教育品牌。这意味着，教育行政部门已经开始关注教师个性化的专门培养，也印证了我对后专业化时代教师发展方向的判断——从专业化走向个性化。

　　20世纪60年代起，世界范围内教师专业化浪潮开始涌起，到80年代，我国的教师专业化开始启动，逐渐成为我国教师队伍建设的根本任务。经过四十多年的专业化发展，教师队伍建设不断规范，专业标准体系不断完善，专业发展体系不断成熟，支撑起了我国庞大的基础教育事业。可以说，专业化带来了教师队伍的标准化建设，保障了基础教育的健康、稳定和持续发展。但是，对于教师个体来说，教师的职业发展，不仅仅是应付得了工作、胜任得了岗位、完成得了任务那么简单，它更应该是一个自主建构、自我成长的过程。也就是说，教师在专业化建设达标后，就应该走向个性化发展——凝练自己的思想，锻造自己的品牌，开拓自己的领域。那么，教师发展如何走向个性化呢？

寻找相对聚焦的领域。万丈高楼平地起，无论是教育思想的形成，还是个性品牌的建立，肯定都离不开教育实践的基础。一个教师在经过多年的专业历练之后，一定会积累许多教育经验和智慧。这些经验和智慧通常会相对集中地指向某一个领域。这个相对聚焦的领域，就可以作为锻造品牌行动的基地和基础。确定相对聚焦的领域以后，教师的教育研究能力就显得尤为重要了，它可以帮助教师将散布的经验，通过系统的梳理，借助凝练的文字表达出来，形成我们所说的教育思想或理念。这个过程是品牌锻造的奠基阶段，是由经验型教师向研究型教师转变的开始，基本的路径可以概括为"聚焦实践—梳理经验—建构主张—形成理念"。教师是需要思想的，有没有自己的教育思想，是判断一个教师有没有个性化追求的第一依据。

进行独具匠心的建构。教师教育思想或理念的提出，从本质上来说还属于教师对个人专业历练成果的梳理，更深层次的品牌锻造行动应该是在思想和理念之下，系统建构起教育创造的策略、路径和模式，让自己的教育思想和理念生发出行动的路线图，产生闪耀着理想光辉的教育成效。通俗地说，就是让理念落地，让思想生根，让行动产生创造。在这个略显浮躁的教育环境之中，探讨这个话题有着积极的意义。因为当下教育不缺理念，放眼望去，无论贫瘠还是丰裕的教育领域，处处飘荡着理念和思想的气息，然而真正落地的并不多。所以，在理念提出或思想确立之后，最重要的就是要完成理念系统和策略体系的双重建构，那种独具匠心、不蹈覆辙的建构。

保持足够深远的努力。一个品牌的创立需要漫长的探索、艰辛的付出和不懈的努力。对于教师来说，在品牌追求的道路上要做到心理上的持久关注、行动上的持久实践、战略上的持久创造，才有可能确保品牌的形成以及有效的维护。其实，我们未必非要创造出自己的品牌，我们更需要的可能是品牌意识和品牌追求。也就是说，经历过专业历练之后，无论在行政认可的道路上是失败了还是成功了，我们都应该有信心去追求涅槃般的突破，全身心地奔向寻找个性、追求个性的道路。因为，这是破解教师职业倦怠的需要，也是救赎无悔人生的需要。苔花如米小，也学牡丹开。再微小的现在，只要有了努力的介入，都会变成值得期待的未来。

微信公众号的推广口号就很打动人心，它说：再小的个体，也有自己的品牌。其实，锻造品牌的过程就是个性化发展的过程；或者说，个性化发展的尽头就是品牌。希望越来越多的教师走向个性化，成为"有个性鲜明的专业理念、有独立开展的专业创造、有以学养为基础的专业形象"的品牌教师。

# 第六章

## 自我实现：在沉浸中成就自己

有这样一种人，当进行某种活动时会完全投入情境当中，过滤掉所有不相关的知觉，我们称之为沉浸者。他们给我们的启示是：越是沉浸，就越有成就。

　　沉浸者一般具备以下三个特点：人生有明确的目标，且轻易不会改变；对所有的行动能够快速反馈，知道接下来需要做怎样的修正；行动和意识保持高度融合，果断地摒除目标以外的杂念。

# 你曾把一件事坚持过多久

## 成长之惑

很多老师抱怨想努力却没有时间，困惑于如何才能从琐碎事务中突围。

## 突围之道

这个问题前面多有涉及，在此重申是因为它的解决，对教师的成长意义太大了，所以有必要进一步提供一些方法路径。世界"成功学之父"拿破仑·希尔说，"成功路上并不拥挤，因为坚持的人不多。"也许，很多人失败并不是因为没有天赋，而是没有坚持，或者坚持得不够久。

很多人津津乐道于"煮夫"的故事：一位大众食堂的掌门人，五十年坚持煮一碗饭，最终成为"煮饭仙人"，并将米饭文化远播重洋。你看，如果一个人能够心无旁骛去做一件事，一年两年或许不会有什么收获，但十年八年后肯定会有所成就。倘若坚持了二十年三十年，那些吃过的苦，流过的汗，肯定会在某一天以奇迹的形式突然降临。

现在的教师，习惯于抱怨工作环境的恶劣，喜欢把自己的不成功归结于"天时地利"的缺位，很少有人会去思考自己身上存在的问题。每当此时，我都会问他们一个问题：在工作中，你曾经把一件小事认真地坚持过多久？五年还是十年？

我们都有过梦想，也曾立下形形色色的目标，但多数时候，缺少了坚持。比如说，二十年前，有十几位同事和我一起开始撰写教育故事，坚持把每天经历的故事记录下来。半年后，好几个同事走在了我的前面，开始有文章发表；一年后，还在坚持的剩下三个人；两年后，还在坚持的只有我自己。撰写教育故事这件事，我坚持了整整二十年。而那几个曾经走在前面的同事，早已隐遁于烦冗的庸常之中。

当我们感觉整个世界都对不起自己时，就应该好好地问一问自己：我曾经把一件事坚持过多久？

## 规划一份值得终生努力的事情

反观我的创作经历，我觉得曾国藩给我的启示很大。1842 年，刚过而立之年的曾国藩打算整理一套《曾氏家训》，在起步时却屡屡受挫：他发现自己读书十几年，依然对文本不熟悉，知识未成系统，攒不出一本家训。于是，他决心逼自己成长，每天坚持做三件事：一是写日记，记录自己的成长过程；二是读史书十页，边读边思考；三是写《茶余偶谈》一则，记录并总结朋友间闲谈产生的火花、灵感。从此，他"誓终身不间断也"，为十年后的另一种人生状态做好了铺垫。

反观我的教师生涯，教育写作始终伴随着我的教育实践。只不过，前期的写作算是"遇到什么写什么"的随性而写，既不做系统的设计与规划，也不考虑写作的方向与目标，如此写了好多年。直到有一天，我开始读曾国藩，看到他对自己十几年读书生涯的不满意，对自己知识体系不完整的反思之后，我也开始问自己：这么多年，写了这么多文章，除了发表文章的数量在递增，除了教育实践在细枝末梢上的改变，我还收获了什么，这些文字于我的成长到底起到了多大的作用？或者，它们应该起到多大的作用？也就是从那时起，我开始注重写作的方向性与连续性，并开始对某一个领域进行相对深入的系统写作。

有方向、有目的地坚持去做一件事，这是曾国藩三十而立之后的幡然醒悟，也是一个人能够在某一领域做出成绩的最好方式。果不其然，有了规划后，我的思考愈加深入，积淀也就越来越多地朝向了固定的领域。再往后，我就有了系统梳理个人写作的想法，这想法很快就变成了"觉者为师"系列书的规划。《寻找不一样的教育——我的教育叙事》一书，主要以教育叙事的形式呈现了我在教育实践中的所思所得；《做一个不再困惑的老师》一书，则是以教育随笔的形式去关注教师的专业发展与自我成长；《推开教育的另一扇窗——走向有意义的写作》一书，主要谈及的则是教师写作及其对教师成长的意义；《成为更好的老师》一书，是为教师提供有质感的教育成长路径……

如此，这种系统性的写作，最终促成了我的成长，让一个普普通通的草根教师，在写作反思中形成了自己的教育主张。也许，这就是我规划"觉者为师"系列的初衷和本意。

至于怎么能够完成这么大的创作量，我想从望亭团队说起。

从 2016 年开始，毛家英校长带领着团队的成员，从最初的纠结畏难，一步步走出了望亭教师独特的读写成长之路。无疑，望亭团队是"叙事者"中最值得钦佩的群体之一。一次不落的成长作业，认真持久的读书学习，兴致盎然的线下活动，书卷馨香的叙事者之家……这些，都在简单而清晰地表达着望亭教师的成长情怀。而文笔的渐次成熟，书香的渐渐聚拢，还有那些发表在各级媒体上的精品文章，也无不印证着他们的收获与成功。当然，这其中最值得骄傲的，其实还是一路走来她们的坚持。

我一直在想，一个人或者一个团队能够持久地去做一件事情，大概有这么两个原因：一是与生俱来的喜欢，二是死磕到底的坚持逐步转化为发自内心的喜欢。其间，当然也一定会有对读书和写作的畏惧，行走过程中也会有疲惫和厌倦。那么，咬着牙的坚持就显得尤为重要，甚至起着决定性的作用。

于我而言，也是如此。

谁都知道，写作是一件很寂寞的事情，坚持下去离不开忍耐和固守。写作的这二十余年，我远离觥筹交错、喧嚣热闹。一杯清茶，一盏孤灯，在习以为常的忙碌之后，捻一段文字，记录一份心情，这是我的生活常态。我想，这也应该是每一个写作者的生活常态。那么，你就可以去想象，这四本书的文字是从多少寂寞煎熬而来。

奥维德说，忍耐和坚持是痛苦的事情，却能渐渐地为你带来好处。以我的理解，这份"好处"，绝对不仅仅指坚持带来的利益上的馈赠，更不会仅是那些看得见的显性荣誉。在这里，"好处"应该更多地指向心灵世界的附加。比如情怀的生长，勇气的蔓延，把"迫不得已"变成"心甘情愿"的那份热情，以及由此带来的人生状态的改变与改观。这种人生的丰盈与饱满，才是坚持带来的最大"好处"。

那么，这两个问题合起来就告诉我们这样一个简单的道理：作为一名教师，必须学会去规划一份值得终生努力的事情，并持久地坚持下去。

## 还需要精神上的更加敞亮

坚持的另一个支持，就是精神上的敞亮。

袁静老师曾在"叙事者"QQ 群做过一个分享，内容很简单，只是谈了自己在思维导图使用方面的一些探索。但分享的效果却极好，在线听的老师感觉意犹未尽，未能参加现场活动的老师遗憾万分。以至于，活动结束后有人在群里要求回放现场录音，有人忙着保存群里截屏的视频，有人希望拿到精美的讲课 PPT。还有好几位校长打算邀请她去学校里分享，想用这样的方式为老师们补上这一课。

我第一次知道袁老师的"思维导图"是在她的文章里，当我们成为微信好友后更是经常看到她晒的"美图"。最初见到的多是她读书后绘制的导图，时不时地还可以看到她用导图来设计日常生活。真正让我开始对她的探索感兴趣，是有一次她分享学生绘制的导图——小学低段的学生也可以使用思维导图？我有点不相信。

于是，我专门就这个问题"咨询"袁老师，当然是以怀疑的心态和语气。这一次"咨询"真的让我开了眼。在袁老师那里，备课是用导图做的，课堂是用导图开展的，学生的作业也是用导图完成的。甚至，学生的课本就是天然的导图素材，几笔勾勒就成了思维缜密、外在精美的思维导图。而这些，的的确确是在一二年级的课堂上实现的，的的确确是七八岁的孩子可以掌握的……那么，我还有什么话可说，除了惊讶与羡慕。

我以为，这是他们学校在推广的一种教学特色，或许她只是一个执行者。私下里，我向她的同事了解情况后才知道，这只是她个人的爱好而已。思维导图的使用，既不是学校倡导和推广的，也不在考核评价范围之列。虽然她的做法要比常规的备课、上课多出几倍的付出，但在教学常规检查或者考评中并不占什么优势，纯粹属于"多此一举"。从他人的话语里可以听得出，她在探索的道路上遇到过很多困难，也遭遇了很多的不理解，但对于内心热爱之事，一直不懈地倾注深情。

这，就让我更加钦佩。其实，一个人在某些教学领域做一些创新，进行一些探索并不足为奇。教师群体中，越来越多的人开始关注教学特色的培育，越来越多的人已经走在了特色实践的路上。但是，这些探索和实践大多是在某一教育教学改革的背景下开展的，大都有着巨大的行政力量的支持和支撑。说得简单一点，某所学校倡导某种模式，这所学校的老师就有可能走上同样方向的研究之路。而这样的研究，无疑会被学校和领导认可并鼓励，并给予尽可能大的理解与支持。倘若是某个区域在倡导某种课改，那么参与其中的实践者获得的利益和支持也就会更大一些。

可以这么说，一个教师的研究依托的背景越大，他获得的动力和力量也就会越大。我欣赏这些在研究的道路上集体行走的老师，但我更敬重像袁老师一样独自探索的行动者。因为，在一个没有背景力量推动的领域里行走，很难有欣赏、鼓励和掌声，很难寻找到支援和帮助。这样的行走，所有的动力只能源自自己，源自对理想和追求的坚守。

无疑，这是一种最为孤独的努力，也是一种最考验毅力的精神求证。我们每一个人都可以这样做一个自我的考量：在没有人关注、没有人要求、没有人逼迫的环境里，你有没有对一件看起来毫无世俗利益的事情倾注过热情？有没有对纯粹源于喜欢的东西付出过恒久的坚持？倘若你有，那么你值得尊重；如果你没有，那么你需要进行一次尝试。因为，这样的努力可以让一个人的精神明朗，收获不戴枷锁的幸福。

有所热爱，有所追求，这是教师精神的敞亮，也是一种打开。

## 不要总是寄希望于明天

一位年轻教师给我留言：

王老师，我在一年前就加入了您组建的"叙事者"团队，每当看到团队里那些老师坚持读书和写作，我都会暗下决心要像他们一样走上读写之路。可是，每天的生活都被备课、上课、批改作业以及突如其来的检查等塞满了，偶尔有些空闲时又抱有懈怠的想法：今天实在是太累了，明天再开始读书（写作）吧。时间也就在看看朋友圈、浏览一番网络段子中悄然流逝。一年多了，我仍然还是"叙事者"中的观望者，依旧没有写过一篇文章、没有读完一本书，我该怎样改掉这种拖延的习惯呢？

读完这位老师的留言，我不禁想起了读小学时学过的一篇文章

《寒号鸟》。文中那只不肯盖窝、得过且过的寒号鸟，最终在"明天就做窝"的哀号中冻死了。与寒号鸟不同的是，这位老师并不是因为懒惰不去行动，而是因为眼前需要立即处理的事情太多，只能把那些看起来不是十分急迫的事情往后一拖再拖。两者的相同点是：都过分寄希望于明天，喜欢为自己的"拖延症"寻找理由。而事实上，和这位年轻教师有同样经历的人并不少见。也可以说，我们每一个人都是这样，当被一些事情缠身而忙乱不堪时，总是会盼着事情尽快结束，然后在内心里告诉自己：忙完这件事，再也不……明天开始一定要去做自己喜欢的事情。

而事实往往是，这件事情还没有结束，另一件看起来更重要的事情就已经在不远处等着你。

今天的太阳，永远照不到明天的沟渠，我们能够做的，不过是认真地把握当下——紧紧抓住当下的机会，不等待亦不拖延，及时处理眼前的事情。这里的"把"强调掌控，有确定并坚持方向的意思，强调的是要有明确的目标，清楚地知道自己想要什么。其实，很多人喜欢拖延，可能就是因为缺少人生目标，在面对诸多选择时茫然不知所措，错失了那些看似不重要实则至关重要的事情。所以，把握当下的第一要义便是为自己的人生定目标，一个清晰的目标能够帮助我们集中注意力，避免在纷繁的世事中迷失方向。"握"则是指要坚持、坚守，把定义好的目标紧紧攥在自己手里，牢牢记在自己心里，然后坚定地、毫不犹豫地去做重要的事情。

那么，什么是重要的事情？对于教师来说，重要的事情是成长，只有把自己成长到最好，才有可能带给学生好的教育。我所说的成长，不是指荣誉的累积、职称职级的提高，它应该是引领力的日渐成熟，是师者情怀的逐渐丰满。它不是一次优质课比赛的获奖，而是长期耕耘讲台的娴熟；它不是惊天动地的感动，而是润物细无声的欣喜。一个教师，如果把成长定义为重要的事情，那么他就明确了自己的需要，清晰了自己的追求，就知道自己应该去把握什么。这件事情一旦明确了，此时此刻应该做什么，就有了坚持的依据和动力，"把握当下"才可能真正被赋予意义。

改掉习惯很难，最好的做法是用一个习惯替换另一个习惯。要想改掉拖延的习惯，就需要建立这样一个新习惯：永远不寄希望于明天，知道今天应该做什么，然后做得果断、干脆、彻底。

为了不致走向平庸，年轻教师应该树立这样两种意识：一是把目光放远，不要让眼前琐碎的事情阻碍了朝向生命深处的努力，试着去寻找一个值得倾注一生之热情的领域，作为安身立命之本。比如阅读和写作，看似不如坐在办公室里批改作业产生的作用具体，也不如参加一次培训带来的效果明显，但那的确是人生"做窝"式的基础性建构，是在为人生的长远打算。二是把目光放低，守住今天，守住当下的每一份坚持，不向自己妥协，不对生活让步。因为，寒号鸟式的得过且过，其实就是为慵懒开了一个口子，这应该是无数生命走向平庸的开始。

# 如何开发关键事件的成长价值

每次听名师做成长经验分享，他们都会谈及自己成长的一些关键事件，似乎他们是在经历了某一件事之后获得顿悟，然后开启了不可阻挡的成长。我也工作两三年了，怎么就没有遇到过让自己顿悟的事件呢？

┃ 突围之道 ┃

关键事件一定是存在的，问题在于我们有没有发现的能力。其实，能够改变我们认知的那些关键事件，它们在出现的时候并非自带标签，而是需要用心去发现，而发现的唯一工具就是反思。反思可以帮助我们发现事件背后的意义，可以促使改变的启动。也就是说，关键事件的成长价值是需要系统开发的。接下来，我以自己的亲身经历为例，谈谈怎样将关键事件转化为成长资源。

二十年前，我刚刚做班主任不久，班级里突发了一场班干部被群殴事件。借助精致的教育反思与探索，一次"汉奸"事件引发了我的教育理念与方式的变革行动，并逐步形成叙事教育的基本理念体系和实践策略，为素质教育的深入推进提供了另一种可能与支撑，也为班主任的专业发展提供了一种新路径。

## 关键事件——我的值周班长被打了

这本是一个晴朗的日子，当我走进教室的时候，却看见值周班长小A正趴在桌子上哭泣。我问周围的学生发生了什么事情，他们一个个闭口不言，看热闹似的盯着我和小A。没办法，我只好把小A单独叫出教室。望着满脸泪痕的小A，我有些心疼地问："怎么了？能告诉老师发生了什么事情吗？"小A忍不住又哭了起来，边哭边说："他们一伙人把我堵在厕所打了一顿，还说我是班里的'汉奸'。"

不用说我就知道"他们"是谁。班里有一个小团伙，参与的人都是些不喜欢学习的学生，他们上课不听讲还扰乱课堂纪律，下课不好好休息上蹿下跳。在接手这个班时，前任班主任就跟我说了一句"肺腑之言"：要想管好这个班，就得想法把这几个家伙清理出去。想到这儿，我恨得牙痒痒：好小子，竟然欺负到班干部头上了，打班干部不就是打我的脸吗？

就在这时，我远远地看见"他们"一伙人打打闹闹地从厕所出来，往教室走来。"看看刚才他那个熊样，还有一点当官的样吗？""真解恨，看他天天跟在老王后边当'汉奸'就不爽，解恨呀！""咱这算是为民锄'奸'吧！""嘘——"猛然间，一个眼尖的学生看见了站在教室不远处的我。几个人几乎同时伸了伸舌头，耷拉着脑袋慢吞吞地走过来。

我心头的怒火已经灼烧到了头顶，刚想叫住这几个学生，哗哗哗，一阵掌声从教室里传出来，接着就是全班同学整齐划一的欢呼声："欢迎英雄！欢迎英雄！"我一时愣在那里。我很清楚，如果此时现身于全班同学面前质问他们，他们可能会因害怕而不说实话，而自己肯定会更尴尬，还不如装作不在现场。我只好先安抚小 A，随后绕道回到办公室。

打人的"坏学生"为什么会被全班同学捧为英雄呢？我越想越困惑，便与办公室里的同事讲了事情的来龙去脉。同事说："这必须来个杀鸡骇猴，把领头打人和带头欢迎的学生一起请回家！""现在的学生，你不来点狠的真是不行，让家长过来收拾他们吧！"而我则决定先冷静一下，然后再处理这件事情。

## 对事件本身的纠正与修复

现在看来，这件事可能是我个人专业发展的一个重要节点，我对事件的处理和应对方式决定了未来我的教育之路。倘若我像同事建议的那样，采用强硬的手段去压制学生，兴许就不会有我今天对"叙事教育"的深入探索与实践。

幸运的是，那时候我已经有了撰写教育故事的习惯，喜欢把班级里发生的事情记录下来，并在叙写中对事件进行理性反思与归因。这件事情，自然成为我必须记录的重要事情。当天晚上，当我把事件的来龙去脉一点点写出来之后，一个想法突然冒了出来：既然全班学生都觉得值周班长该打，会不会是我的班级管理方式出了问题呢？于是，我认真梳理与反思自身在班级管理中的所作所为。

20世纪90年代初，在企业里广泛使用的"量化管理"刚刚被引入班级管理之中，值周班长制度也刚刚开始盛行。作为一名新班主任，我较早把值周班长制度和量化管理整合应用于班级事务管理中。通常，我会培养几个特别认真负责的值周班长，让他们按照班级量化管理细则把每个学生的表现用分数记录下来。比如，某某未按时完成数学作业，扣3分；某某上课回头与他人说话，扣1分；等等。如此一来，即使我不在班里，通过这些分数我也能对班级情况了如指掌，违纪的学生自然少不了我一通训斥。站在我的角度看，这些值周班长是我的助手，他们在协助我管理班级；可站在学生的角度看，他们不正是告密者、"帮凶"和"汉奸"吗？

我豁然明了，这并不是一件简单的学生打架事件，也不是"坏学生"与优秀班干部之间的矛盾冲突，而是我的班级管理理念出现了问题。第二天，我郑重其事地向班干部道歉，因为是我让他们成了班级同学心目中的"汉奸"；我也向全班同学道歉，因为是我在班级管理中塑造了一种"汉奸"文化。然后，我邀请全班同学针对班级管理问题提出自己的意见，一起修改班级管理制度，并把"钦定"值周班长改为全班同学轮流做值周班长。

## 关键事件带来的思考与觉醒

在教师的成长过程中，总会有一些触动内心、触发思考、触及变革行动的关键事件。这些"关键事件"的出现，会在一定程度上"刺激"教师进行自我审视，并成为教师在认知和行动方面的双重拐点。比如，在对待"汉奸"事件上，我没有满足于解决个案问题，也没有止于纠正与修复表象问题，而是开始了更为深远的教育改革探索。

这种探索，始于我个人对那些看似简单问题的不断追问。再举个例子，班里一名优秀学生经常不交作业，通常情况下教师会更加严厉地对其进行惩罚，从而导致师生关系紧张，且无法真正解决问题，对此，我们不妨尝试进行如下追问：

——学生不按时完成教师布置的作业对不对？肯定不对。

——小A学习成绩很好，他还要不要写作业？显然要的，每一个学生都有完成作业的义务。

——怎样才能彻底解决小A不写作业的问题？追本溯源，找到问题背后的真正原因，是由于他懒惰、反抗教师还是存在其他原因。

调查过程中，小A明确表示教师布置的作业他都会，所以才不愿意做作业。如此一来，症结就很清晰了，我们布置作业的方式出了问题。

怎样解决这个问题？教师要改变传统的作业布置方式，变"一刀切"为"按需设置"，尝试开展分层布置作业的实践探索。

由此可见，有时候学生犯的错误或出现的问题，原因未必就出在学生身上，很可能是教师的教育方式存在问题。一种教育意图要想在学生身上产生效果，至少需要具备两个条件：一是教育目标的正确性，二是教育方式的科学性。前者是方向和基础，后者是难点和关键。在具体的教育实践中，教师对教育目标的确定和取舍并不是一件十分困难的事情，但是他们在教育方式的选择和使用上往往存在误区，那就是注重说教、灌输和强制。以班级管理中最为常见的"卫生保持"为例，大多数班主任的做法是：要么一遍遍强调"卫生保持"的重要性，要么制定严厉的惩罚措施，而很少去想如何才能让卫生习惯植入学生的内心。这种做法的结果往往是事与愿违，不仅教育效果低下，还容易引起学生的厌倦与阻抗。

事实上，教育行动的成功与否，不仅仅取决于教育目标的正确性，更多地取决于学生是否愿意接受我们的建议、指导和规范。只有学生认可了我们的教育目标，接纳了我们的教育行为，才有可能在内心为我们敞开一扇门，让教育自然而然地进入并长期驻存。那么，怎样的教育方式才是学生愿意接受的呢？

## 故事理念下的探索与实践

吉姆·西诺雷利在《认同感：用故事包装事实的艺术》一书的开篇写了这样一段文字：

赤裸的"事实"走过很多个村庄和城镇，但人们咒骂并赶走了他，他因此伤心懊恼。"故事"很受人们欢迎，他十分同情"事实"的遭遇，便把自己华丽的外衣借给了"事实"，并告诉他没人愿意看见赤裸裸的"事实"，即便你袒露了真实的自己。穿上外衣的"事实"回到小镇，结果受到了热情的欢迎，从此"事实"和"故事"成了最好的伴侣。

吉姆·西诺雷利的意思是说，没有人愿意听空洞的大道理，但所有的人都喜欢听故事。这段文字对于教育的启示大概可以这么描述：经过故事包装过的教育，会以洪流般的势头迅速打开学生的心门，进而最大程度地发挥教育影响力。事实也确实如此。教师与其生硬地向学生灌输一堆大道理，不如绘声绘色地给学生讲些生动的故事。

曾经有一所学校发生了一起学生自伤事件。一名勤奋而要强的女生，在期中考试中又一次排名第二，这一结果使她想成为班级第一的梦想再次落空。伤心之余，她割了自己的手腕。针对这一事件，学校领导要求教师在晨会时间对学生进行爱惜生命方面的主题教育。假如我单纯地讲道理，学生肯定不愿听，怎么办？于是我想到了《狐狸与葡萄》的故事。讲完故事，我问学生有什么想法。学生的回答出奇地一致：狐狸太虚伪了，总是为自己的失败找借口。其实，这怨不得学生，我们对这个故事的主流理解一向如此。无论是教师还是教科书，都把狐狸的这一做法看作是逃避问题的自欺欺人行径——吃不到葡萄就说葡萄是酸的。但我对学生说："我倒不这样认为，我觉得狐狸是个生活的智者，它使用了心理学中的'酸葡萄效应'（也称为'合理化解释'）来化解自己的不良情绪。当我们因无法得到强烈渴望的东西而产生挫败感时，不妨编造一些'理由'来进行自我安慰，以消除烦恼、减轻压力，使自己从不满、不安等消极情绪中解脱出来，从而保护自己免受伤害。这应该是一种人生的大智慧，并非可耻的行为。"然后，我以上述学生自伤事件为例，告诉学生：生活中有很多种选择，我们千万不能钻牛角尖而不能自拔，做出伤人伤己的傻事。这十分钟，学生听得十分投入，参与度极高。

由此，我开始关注故事的教育价值：一则好故事就是一条好的教育隐喻，每一个故事或明或暗地都蕴含着某些教育元素。于是，我开始尝试把故事引入班级晨会，用故事告诉学生我对他们的期待和要求。故事的引入，让我的班级晨会多了些许柔性与温暖，也慢慢改变了学生对"会议"固有的排斥感。受此启发，我开始在自己的教育实践中更多地融入故事，通过讲故事来"治愈"那些用"讲大道理"搞不定的教育顽疾。课堂上，当发现学生普遍感到疲倦的时候，讲个故事重新激活课堂活力；当学生犯错的时候，讲个故事巧妙地把自己的批评传递过去……故事，慢慢成为我在教育实践中最重要的"调味品"。

## "叙事教育"理念的提出与发展

有个朋友要参加班主任技能大赛，需要上一节主题班会课，让我帮忙设计方案。我在网络上翻遍了众多名师设计的班会课，总感觉他们说教的成分太多，显得过于枯燥和无聊。既然找不到好的模板可资借鉴，我们只能自己创新。于是，我想起了刚刚在晨会上与学生分享的绘本故事《两只蛋的爱情》，何不借此设计一节早恋教育主题班会课呢？很快地，一节以故事为主线，通过故事情节发展来推动课堂教育主题深入的新型班会课诞生了。这节课获得了巨大的成功，得到评委的一致认可。从此，我开始了叙事型主题班会的研究与实践，故事成为其中的"主角"。

叙事型主题班会与"将故事引入晨会"有着很大的不同：一方面，在班级晨会中，《狐狸与葡萄》的故事更接近于"晨会大餐"中的"佐料"，是调和、优化班级晨会的一种元素；在主题班会中，《两只蛋的爱情》的故事则是"主料"，是主题班会的关键素材。另一方面，晨会中使用故事有较大的随意性，不需要专门设计与打造，大多属于信手拈来营造氛围之用；而叙事型主题班会则是以故事为基本骨架，系统、科学、完整地对课堂进行设计与处理，从而产生教育效果的一种改革实践。

叙事型主题班会之后，我又相继开展了叙事型家长会、叙事型德育活动、叙事型学科课堂等研究，基本实现了教育手段的故事化改造，并由此提出了"叙事教育"的基本概念，即以故事精神为核心，以故事叙述为手段，发掘内隐于故事内容及叙事过程中的意义和价值，对学校教育方式进行叙事化改造与优化，实现师生共同成长。作为一种教育模式，叙事教育提出了利用故事对枯燥生硬的教育实践进行柔性改造的主张，并开始探索具体的实施策略和实践途径。

在此基础上，我以故事精神为理念，寻找到了叙事教育课程化实施的新路径，开发了一系列叙事教育经典课程，与此同时，以"故事叙述、情感诱导、自主建构、自我成长"为基本环节的叙事教育行动策略逐渐形成。同时，经过理论研究与实践探索，我提出了叙事教育的核心理念、核心元素、基本模式、基本原理及操作体系等，逐步构建了叙事教育的理论体系与操作体系。叙事教育的提出，弥补了说理教育、养成教育等教育理论的不足，为进一步实现人本化教育提供了可能，也为素质教育的深入推进开辟了一条新路。

2018 年 4 月，叙事教育的实践经验在山东省基础教育教学成果奖的评选中脱颖而出，并被推荐参加国家基础教育教学成果评选。回望个人在叙事教育研究道路上二十余年的跋涉，我仍然对"汉奸"事件心存感激。倘若没有这一关键事件的发生，或许我根本就走不上叙事研究之路。我想，在一个人的成长道路上，总会存在这样或那样的"关键事件"，如何对待这些"关键事件"，不同程度上就决定了一个人可以走向哪里以及能够走多远。

# 怎样从他人的经验中凝练新知

## 成长之惑

我喜欢读别人的成长故事，总能够在阅读的过程中获得激情与冲动。但是，每当从阅读中清醒过来后，激情总是一晃而过，冲动也会很快消失殆尽。常听人说，他人的人生是可供参考的经验，怎样才能把别人的经验变成自己的营养呢？

## 突围之道

中小学教师往往偏向于实践与行动，普遍缺少从实践中发现规律、建构模式、生成理论的意识，这也是制约一线教师专业发展的关键瓶颈。实践中，无论他人经验还是自我经验，通常都是隐匿在具体的教育实践中，要想从中凝练出新经验、新认知，需要具备三种能力：一是萃取的能力，将碎片化分布的实践经验进行提炼升华；二是概括的能力，将多维分布的实践经验锻造成方法与工具；三是建构的能力，将个体经验升级为可推广可复制的经验。

2015 年，我受《班主任之友》杂志编辑部委托，负责"班级议事制度"这一专题的组稿工作，大致的工作流程是从近百篇相关案例中选择最典型的三篇，然后以此为基础撰写文章系统谈一下班级议事制度的价值和意义，其实就是从他人的经验中，凝练概括自己的思考与主张，这是教师必须具备的能力之一。

### 案例 1：我们这样来"光盘"

今年，我们学校开始推行"光盘行动"，我们班被选为试行班。

意在培养学生节俭品质的"光盘行动"开展得很艰难，按照统一数量分配下去的饭菜，不是多就是少，有的同学饿着肚子，有的同学却剩下一大半饭菜。我向学校领导和办公室同事请教，他们给了我很多建议。综合他们的建议，结合我自己的思考，我加大了管理力度。但是，饭菜仍然剩了不少。

怎么办？问问当事人——学生。我说："孩子们，这次'光盘行动'，我们被选为试行班，但是老师不知道怎样才能做好，所以想和大家一起来商量，大家愿意吗？"

"好！"孩子们齐声回答。很明显，"无能"的老师激发了学生的"豪情"。

"要知道怎么吃完，首先要知道为什么吃不了，你们的答案最具权威。这样，我们的就餐小组现在就变成'调查小组'，调查饭菜吃不完的原因。"话音刚落，小家伙们便以就餐小组为单位聚在了一起，认真讨论起来。我也加入他们的阵营，最终每个小组调查出来的原因基本相同。

　　"现在'调查小组'变身'议事小组'，开始讨论怎么解决剩饭菜的问题。"看到原因已经找出来了，我便开始了下一步的"预谋"。很快，各个小组便拿出了千奇百怪的解决方案。经过全班同学的分享、交流、碰撞，我们最后达成一致意见：同学们自己舀菜，吃多少舀多少，尝试着把分在自己盘中的饭菜吃完；多余的给食堂阿姨，让她们以后分菜时注意量。

　　第二天，我们就按照商议出来的方法分饭菜。效果很明显，只有三位同学稍微剩了一点饭菜。回到教室，我们一起总结，觉得这个方法是可行的。我也询问了三位没吃完的孩子原因，主要是舀多了。问他们怎么办，三个小家伙回答说一起商议商议再说。第三天，他们回话："以后，一开始少舀一点，不够再添。"以后的日子，我们班的"光盘行动"开展得很顺利。这不是最重要的，最重要的是学生们学会了"议事"。

　　有一次，我看见几个同学围在一起吃一盘青菜。问他们原因，他们说："这盘菜剩下了，我们几个一商议，合起伙来就能吃掉了。"我心里暗笑，这些个小家伙，不仅学会了议事，还有了合作的意识。

　　文明用餐，我们这样来"光盘"：通过老师和孩子一起商讨、实施、反思、总结，既培养了孩子节俭的用餐习惯，又让他们学会了合作、分担与分享，集体荣誉感越来越强，也提升了学生的综合实践能力。这，不就是我最希望的吗？

（江苏省苏州市相城区望亭中心小学　徐敏）

**案例2：学生才是班级管理的智囊**

经过周密策划，2007 年春天，我们班成立了班务民主议事组。由班长和团支部书记任正副组长，七个小组各民主推荐两名成员，这样就组成了由十六名同学组成的民主议事组。这个民主议事组刚成立，便遇到了一个棘手的问题。秋季运动会上，有一个入场式展示评比。女生小君体型怪异，导致整个班级方队极不协调。这个时候有人提出不让小君参加入场式，经过同学动员后的小君也"主动"要求退出。

我决定立即启动班务民主议事程序，让议事组拿出解决方案。下午放学后，议事组在教室里召开了成员会议，黑板上写着醒目的一行字：我们参加入场式的目的是什么？议事组组长宣布先分组讨论，形成意见后找代表陈述。一组陈述人是这样说的："我们参加入场式，就是为了展现咱班最好的一面，就是为了拿第一，要不，咱训练这么刻苦干什么！"大部分同学附和着。三组同学补充道："我们要展现最好的一面，就要整齐划一，就不能让那些影响成绩的同学上场。否则，我们肯定拿不了第一。"大部分同学频频点头。旁听会议的我一听，担心起来：要是他们民主决议的结果是不让小君上场可怎么办？这时，作为四组代表的小杰发话了："我们反对，想拿第一没错，但是以个别同学退出为代价拿的第一不光彩，也不公平。"小杰的话显得很"另类"，但听起来又有些道理，一下子气氛变得压抑起来。但是我心里开始窃喜，好，方向有点对了。小杰的话明显触动了大家，同学们展开了热烈的讨论，你一言，我一语，问题集中在了"名次"和"公平"这两个关键词上。又是一番激烈的争论，思想变得统一起来，公平比名次更重要。全班同学通过了一致决议：集体活动重在参与，小君是班级的一员，所以必须上场。就这样，小君归队了，我也为自己启动"民主议事"而感到沾沾自喜。我以为事情到这里就彻底解决了，然而，晚自习时，议事组给我的一个方案让我看到了集体智慧的力量。他们的方案是：让小君穿上卡通服装扮演可爱的大熊猫，走在队伍的最前面当领队，以掩盖其身体的缺陷。这样既可以让小君上场，又不影响成绩。这个方案让学生收获了"发现新大陆"一样的喜悦，这份喜悦也更坚定了我"民主议事"的决心。入场式上，我们班队伍整齐划一，口号响亮如雷，尤其是憨态可掬的"熊猫"更是萌翻了全场，学生们抢着与小君合影，小君也流下了激动的泪水。

没想到，小君没有成为包袱，反而赢得了更多的尊重。更没想到，我们的这个被"逼"出来的方案，竟成了学校下届创意运动会的雏形。

受小君这件事的启发，我决定扩大民主议事的范围。早上，学生一到校，往往是忙乱地交着作业，整个教室里乱糟糟的。怎么办？交给议事组讨论。"现在班级最主要的是主动交作业的意识没有形成。""可以将作业本统一放在一个文件袋里。""那作业上贴上标签，就更节省课代表统计的时间了。"……

最后达成的要求是：进教室后，每个同学第一件事就是交齐作业，然后才能回座位。结果是：早读秩序井然，学风根本性改观。

通过这两件事，我明白了这样一个道理：学生才是班级管理的智囊。就这样，我们的班务民主议事组成了班级事务的真正解决者。而我，也在与他们一起议事的过程中变得成熟、理性、宽容。我的一路成长得益于班级议事。因为，在不断的议事中，我从学生那里学到了太多的东西。比如，如何接受他们，以及如何被他们接受。

（山东省临沂第三中学　孟凡尧）

### 案例3：民选班长不能罢免吗

学校检查宿舍卫生，班长沈鹏没有打扫，给班级扣了分。作为舍长的赵传军按班级规定，罚沈鹏第二天打扫宿舍卫生。沈鹏由此与赵传军闹，并出拳打了赵传军。经过我的调和，沈鹏表示一定给赵传军道歉。两天后，我询问赵传军，沈鹏是如何处理此事的。赵传军告诉我，沈鹏不但没有道歉，还在宿舍拉帮结派，说话阴阳怪气，孤立他，导致班级工作无法开展。我又询问了其他舍员，沈鹏确实没有道歉和诚心改错的想法。

为此，我们开始启动班级"三级谈话"。所谓"三级谈话"，是我们班的一种民主议事程序，即对班级重大问题的三级谈话制。对于沈鹏的问题经过班委讨论后，决定启动谈话程序。先是一级谈话。由团委书记约谈沈鹏，沈鹏拒不配合，并对团委书记说："滚，你一边去！你算老几?!"然后是二级谈话。由班委集体约谈沈鹏，沈鹏对班委们怒吼：我就是班长，谈什么话！拒不签字。随后启动第三级处理程序，我和班委共九人约谈沈鹏，副班长姜寿亭主持，纪律委员负责集体谈话文字记录。沈鹏跨上一步，夺过记录单，撕得粉碎，并摔在地上，手指着几位班委咆哮：我看你们能拿我怎么样！最后所有的班委目光投向我，我对班委们说：鉴于沈鹏的表现，我建议罢免沈鹏的班长职务。沈鹏叫嚣：我是民选班长，不能罢免！沈鹏走后，班委中有人劝我，说沈鹏的班长不能撤，一是因为他在班级中有很多"跟班"，二是他确实是前任班主任通过民主选举选出来的班长。我启发班委，我们先不考虑沈鹏有多少"跟班"，单考虑他在班级管理及此事上的所作所为。接下来启动表决议事程序，进行投票表决，表决结果为：沈鹏不能胜任班长。表决后，班委在记录单上签字。学习委员孔繁琳很担忧地说："老师，我担心沈鹏会带他那些人闹事。"经过商议，我们决定召开班级议事会，由班委代表将沈鹏在此事上的所作所为、态度及班委集体讨论的决定在班级公布。最后，全班集体表决，三分之二以上的同学认可了班委对此事的处理，决议生效。

第二天，沈鹏的爸爸被邀请到学校，我们与他进行了沟通。沟通分为两个阶段，第一阶段由班委介绍事情经过及沈鹏在班委会上的表现，并给家长浏览处理记录单。第二阶段由我与家长沟通，家长很配合，首先向被打学生当面道歉，又把自己的儿子当我面作了批评。这种做法等于釜底抽薪，给沈鹏以舆论压力，抽去其发飙的底气。

通过三级谈话的方式处理此事，使班级迅速稳定下来，同时在班会上我再次重申班级意识和集体利益，部分同学唯我独尊的行为得到了及时控制。

（山东省临沂第一中学　杭清平）

## 我们为什么要推行班级议事

议事规则专家袁天鹏，一直致力于"罗伯特议事规则"在中国的推广和普及。在他看来，凡是没有严格上下级关系的"平权"环境里，都适用"罗伯特议事规则"。毋庸置疑，"平等关系"是班级关系的终极追求，那么在班级管理中采取"议事"的民主管理方式是可行的，也是必需的。事实上，在教育一线，很多班主任已经在尝试、实践、推行"班级议事"制度，并有了各个角度、不同方向上的感悟和收获。下面，我就结合三位班主任的管理案例，谈一谈班级议事制度的意义。

**班级议事有利于达成班级共识**

案例 1 中的徐老师，接到了学校"光盘行动"试行班级的重大任务。在最初的时候，为了达到文明就餐的"光盘"要求，她"加大了管理力度"。这个管理力度是如何加大的，案例中并没有提及。据我的猜测，无非是要求得更加严格了，惩罚的力度增加了，跟踪监督学生的时间延长了。在这种力度增加反而无效的情况下，她想到了事件的当事人——小学生。徐老师借助这些"小不点儿"的智慧，一步步找到了"光盘行动"的最佳策略。可以说，徐老师基于班级议事理念的隐性班级管理策略，在引导学生形成良好习惯的实践中获得了满分。但是，这种方法更符合小学生的心理特点，在中学的班级管理中未必可以"全盘照收"。也就是说，在不同学段的班级管理中，班级议事策略也应该有所不同。

班主任的角色。小学中低段班主任的职责应该侧重于引导学生逐步树立议事意识，在这一阶段老师应该是教练员，有时候需要手把手地教给学生议事的方法，培养议事的意识；小学高段和初中的班主任应该侧重于指导学生形成议事习惯，在这一阶段老师应该是陪练员，陪着学生一起面对复杂的班级问题，并让学生在解决问题中形成议事的习惯；高中阶段的班主任应该侧重于培养学生的议事能力，在这一阶段老师应该是观察员，及时关注学生的议事活动，在必要的时候做一个提醒，也可以"出手相助"，让学生的议事活动更臻于完善，并逐步与社会生活接轨。

议事的内容。小学中低段的议事内容应该侧重于一些生活和学习上的"小事"，比如，怎样才能做到上课不乱说话，怎样才能把小书包整理好，等等；小学高段和初中，议事的重点则可以从班级具体事务拓展到班级管理的各个方面，比如，班级章程的制定，班干部的管理，对教师的评价和建议，等等；高中阶段，其重点在于议事体制的建立和议事行为的常态化，即让议事成为高中学生的生活、学习常态，并逐步与社会"接轨"，比如，开展"成为公民的教育"，建立"公正团体"模式，等等。

议事的策略。在不同的学段，班级议事的策略也应该有所不同。从总体来说，小学中低段应该"教为主，议为辅"，议事的内容和程序由教师确定，学生议事的主要意义在于明确"为什么要这样做"；小学高段和初中可以"管议共存，相互促进"，班级议事的议程的拟定通常以教师为主，学生则在充分参与和交流中获得认知，并补充、完善议程；高中阶段则可以做到"议为主，管为辅"，教师参与并指导学生确定议程，学生在议事中实现问题的解决和管理的达成。从适用范围上来讲，在解决单个学生问题时，宜采取一对一的商谈或者面谈，充分尊重学生的权益；在解决关乎班级意识、意志和文化等"大家"的事情上，则可以充分发挥议事的优势，让议事的过程成为学生自我管理、自我教育的过程。

### 班级议事让管理充满活力

在案例 2 中，孟老师本来只是希望通过班务民主议事组解决小君上场问题，却意外地收获了一个完美的创意方案——让小君穿上卡通服装扮演可爱的大熊猫，走在队伍的最前面当领队。这个方案的出现，很好地佐证了班级议事制度能够激活班级生态，激发学生无穷创造力的断言。更重要的是，孟老师从中"觉悟"到了班级议事制度的价值，明白了"学生才是班级管理的智囊"的道理，更加坚定了推行班级议事的决心和信心，也正因此才有了班级公共生活的"勃勃生机"。从这个角度来说，班级议事制度是营造班级生态的活力之源，在班级管理中具有十分重要的"点燃价值"。具体表现在：

激发学生的能动性和创造力。班级管理的基点是学生的关注与参与。大量失败的班级管理案例已经证明：学生不关注的班级，是没有希望的班级；学生不参与的管理，是没有生机的管理。班级议事以制度的形式给学生话语权、参与权和监督权，以常态的方式让学生按照一定的规则表达自己的想法和意见，让学生有了"当家做主人"的优越感。而这份优越感，则会恰当地衍生出学生的责任感和使命感。表现在具体的班级管理实践上，就是学生在班级管理中自己赋予自己"能动性"，在班级建设中自发焕发出无穷的创造力。

保护班主任的积极性和成就感。班主任出现职业倦怠大概有三个原因：一是劳而无功，付出了大量的精力和时间，班级管理却毫无起色，这主要是因为"不得法"；二是疲惫不堪，天天把自己捆绑在教室的保姆式付出，一个人唱独角戏的大包大揽，更是让班主任感到身心疲惫，这主要是因为舍不得"放手"；三是百无聊赖，驴子拉磨式的简单重复，让班级管理变得烦琐而乏味，这主要是因为忽略了创新。班级议事制度，让学生成为班级事务的真正解决者，成为班级管理的"中流砥柱"，从浅层意义上来说，班级议事真正解放了班主任，让班主任从烦琐的事务中解放出来，有时间和精力去思考班级发展的"大计"；从实际效果来看，班级议事让班级管理变得丰富多彩，学生的集体智慧碰撞出的管理特色极大丰富了班级管理的趣味性；从深层意义上来说，班级议事对班主任是一种精神上的保护和润泽，成功感会让班主任完全走出职业倦怠的沼泽，而走上专业发展的道路。

优化师生的班级生活和发展生态。衡量一个班集体优秀与否的标准有很多，但最根本的一条应该要看其是否具有"活力"，或者说是否有利于学生的发展。班级议事制度，为班级营造了一个民主的氛围，把班级变成一个由大家共同管理的场所，一种有益于班级发展和学生生活的集体行为规范自然而然也就形成了。更重要的是，在这种公正环境中成长的学生具有了健康的心理与行为，为他们未来踏入社会奠定了坚实的基础。

### 班级议事让管理具有弹性和温度

案例 3 中，民选班长沈鹏成了破坏班级管理的"不安定分子"，导致了诸多冲突发生。在这个时候，倘若班主任直接"以暴制暴"，必然会引发剧烈的师生冲突。杭老师的"三级谈话"制，充分发挥班级议事的民意力量，最终解决了横亘在班级管理中的难题。"三级谈话"中的一级谈话由团委书记代表班委，将班委集体讨论的错因、班委对此事的建议等设计成《谈话纪要》，并单独与当事者进行面谈。这种方式极大地保护了学生的自尊，绝大多数问题经过一级谈话就能解决。如果一级谈话仍然不能解决问题，则启动二级谈话，即全体班委共同给当事人做工作，也就是"众议制"。事情到了无法解决的地步的，才启动三级谈话，即班主任和班委共同给问题人做工作，必要时启用班级议事大会。这种"小事小议，大事众议"的议事制度，在班级管理中的有益之处主要表现在以下三个方面：

班主任成了"幕后人"。班级冲突在班级生活中是不可避免的，近几年，班级冲突已经不再是单纯的"生生"冲突，师生之间的冲突也频频爆发，造成恶劣后果的事件也不断出现。这其中的原因很复杂，既有社会环境的影响，又与学生自我意识和个性被不断强化有关。但更为重要的一点却很容易被我们忽略，那就是民主意识的缺位让班级管理过于刚性。不可否认，直到现在仍然有很多班主任信奉强权管理，持有"我就是管理"的独裁观念，把个人意志异化为班级管理的"大棒"。在这种意识下，班主任往往集裁判员、执法员和立法者于一身，容易造成单向的压制式管理。而这，恰恰是造成师生冲突的主要原因。班级议事制度恰到好处地实现了"学生自治"——学生能够处理的问题，班主任绝对不插手；学生处理不好的问题，班主任和学生一起解决。另外，由于班主任最初并不直接与问题学生面对面，当前期处理不当或失误时，班主任可以出面"收拾残局"，让班级管理有了"退一步海阔天空"的可能。

民主成为管理的力量。班级议事是一种完美的教育力量。一是"议事"替代了管理，破解了科层制管理模式下的"你说我听，我令你行"的强制和僵化，让班级议事制度具有了温和的力量，极大地避免了学生和班主任之间的对立，有利于促进师生之间的理解——在平等的对话中，消除了师与生、班与生"管"与"被管"的心理隔阂，师生间真正实现了彼此交换和相互融合；二是民意力量的金字塔式介入，开辟了由下到上多向互动的沟通模式，让班级议事制度具有了强大的冲击力和后续力量——问题的难度越大，使用到的民意力量也就越大，问题解决的力度和可能性也就越大；三是源自集体又服务于集体的议事理念，严格遵循了"罗伯特议事规则"中的"多数原则"，将多数人的意志转化成为总体的意志，让班级管理有了活力、依据和效率，从而让班级议事成为班级管理的一把温和的"利剑"——在尊重与理解中，完成民主的架构与问题的解决。

实现了多维度的沟通。师生冲突的主要原因，在于成人世界与学生世界的无法融合。教师和学生，作为两代人，有着各自的生活和世界观、人生观，在面对同一件事情时，他们的意见和看法有时会迥然不同。同时，由于学生正处在发展时期，心理上的不成熟导致其容易与班主任产生隔阂。这一点，在中学生身上体现得尤为突出。从案例中可以看出，班级议事制度下的学生，无论是"管理者"还是"被管理者"，都有机会充分表达自己的意愿，提出自己的建议，有利于当事双方站在他人的角度想问题。而班主任则可以在关注学生的议事过程中，及时了解学生的思想动态和真实想法，从而在解决问题时做到心中有数、有的放矢。可以说，班级议事在生生、师生之间铺设了交流的纽带，也让家校沟通有了进一步开展的可能，实现了人际沟通的多维度、全方位，使班级管理更具人文精神和民主气息。

以上三则案例，不仅鲜明地展现了班级议事的创新方法和理念，也清晰呈现了班级议事的效用，把学生推向班级管理的舞台，不仅解放了班主任、锻炼了学生，而且让老师的班级管理理念和能力得到快速提升。

# 如何让已有的优秀更具有意义

## 成长之惑

我特别羡慕那些站在某个领域顶峰的人，他们都有自己的独特专长，有着令人羡慕的成功标签。可是，我身边却鲜有这样的老师，虽然不乏教学成绩好、教育质量高的优秀同事，却难以见到在教育界具有影响力的人。我想知道，要想成为站在顶峰的人，我应该怎么去做？

## 突围之道

首先，我并不觉得每个人都要站在顶峰，毕竟顶峰之处容不下太多人。人还是要更多关注自己的赛道，只要能够做到每天都有进步，一天比一天更好，就可以算是完美的人生。现实是，很多人看起来忙忙碌碌，也有很多优秀的实践，但是始终停留在某一个水平上踯躅不前，这就需要我们警觉、深思然后尝试改变。有优秀的实践，但没有称得上优秀的人，其中缘由一定是在优秀面前止步了，没有完成"再往前一步"的努力。

## 在优秀实践上再往前一步

我们经常听老师们评价一位老师很优秀：课上得很好，所教学生的成绩很高，家长们很认可，领导们也很看重……但若是让这位老师梳理一下自己的优秀经验，却讲不出个"一二三"。好在哪儿？为什么好？像这种常识性的总结都无法实现，只能说明这位老师的优秀是模糊的、不可具象的、笼统的、缄默的"好"。这像极了网络上流行的段子，当一个读书少的人看到美妙风景时，脱口而出的也就只有"美！""真美！""真是太美了！"同样，当一个人无法系统表达自己的优秀时，也就只能是——我很优秀，我真的很优秀！

美国著名励志畅销书作家乔恩·戈登写过一本书《再加10%：从平凡到卓越》，讲述了一个资质平常但积极向上的新手，在教练的指点迷津下，是如何保持平衡的心态，并通过辛勤的努力，最终进入顶级球队的故事。这个故事告诉我们，平凡与卓越之间只有10%的差距，只不过这个10%是动态的，并不是静止不动的。也就是说，要想走向卓越，就要在抵达一个高度后再往前一步，持续不断地往前一步。

举个例子说，当你参加优质课比赛拿到一等奖后，你做了什么？我经常拿这个问题来问一些优秀的教师，他们通常会显得比较茫然，愣愣地想半天后大都这样回答："好好休息一下""感谢一下帮忙的朋友""回归到正常的上课状态"……诸如此类的回答，只能说明一个问题，对于大多数老师来说，参加优质课比赛就是教学过程中的一项活动，活动结束了自然也就没什么可以继续做的了，甚至会有"马放南山"的轻松惬意。其实，一个教师能够参加优质课比赛并拿到奖励，说明其有着优秀的教学实践，他所展示的那节课就是实践性成果。通常来说，这种优秀的实践性成果具有隐蔽性和终结性，容易被误认为是实践过程的终结——获奖了也就结束了。

当我们习惯了这种优秀之后的"戛然而止"，就失去了把优秀放大、拉长、提升的能力，也就失去了从优秀走向卓越的可能。优秀的实践是什么？它不是勋章，也不是结尾；它应该是再往前一步的起点，是垫脚石。我讲过一节特别成功的主题班会课《爱情是什么》，收到了很多的好评，受到了很多的鼓励。在接连几天的热闹过去以后，逐渐冷静下来的我开始认真复盘这节课，以最快速度完成了这节课的课堂实录。这篇课堂实录后来发表在《中国德育》，完成了我对优秀成果的梳理与物化，让"优秀"成为一种可视、可见、可传播的物化成果。在此基础上，我分析出这节课成功的核心原因——故事元素的使用，开始探索以故事为素材的主题班会课设计，开发出一系列故事型主题班会课，并进一步完成了学术论文《叙事型主题班会的基本理念与实践探索》（刊发于《中国德育》）。就这样，从一节好课到一种独创的课型，从一次优秀的实践到一场系统的研究，正是这种"再往前一步"的努力，让我最终走上了故事研究的道路。

其实，在我们身边不乏优秀的教师，他们在不同实践领域有着优秀的实践经验。只不过，他们的经验缺少了梳理、挖掘，没能最终积累成为成功。站在发展的角度来说，这委实是一种成长的遗憾，甚至可以说是一种对"优秀"的肆意浪费。那么，怎样才不会"浪费"掉各种各样的优秀呢？我想至少需要以下三个层次上的努力：一是善反思，要通过全面细致的思考，弄清楚"优秀"到底优秀在哪里，发现优秀的关键点；二是会表达，要能够把"优秀"系统地表达出来，或通过文字留痕，或通过语言传播；三是能拓展，要善于举一反三，通过各种方式将"优秀"放大，从一个点到一条线再到更加丰富的领域。

在成长的道路上，最忌讳的想法是"见好就收"，最应该的做法是"再往前一步"，这是放之四海而皆准的公理，无须证明。

## 让自己从工具人成长为沉浸者

当下教师群体中，有不少人持有工具人的心态，就是领导安排做什么就去做什么，大家都在做什么就跟着做什么，必须做什么才会去做什么，往往是蜻蜓点水般做了很多事情，却没有一件可以拿得出手。工具的最大问题在于没有自主意识，永远被人或任务操控，做工作多是无休止地重复，无论任务完成得如何都不会对工具造成影响。也就是说，工具与任务之间没有互动，任务本身并不直接刺激工具，从而导致工具与工作没有情感的关联。

教师成长更倾向于是一种情感行动，成长的获得多是因为教师付出一定努力后，得到了正向的反馈或者响应从而受到鼓舞，这种鼓舞正是教师继续从事教育实践的动力。对于教师来说，在辛辛苦苦开展一个学期的教学活动后，如果学生在考试中获得了优异的成绩，教师就会因此而获得激励，就会继续做出更加精致的教育行动；如果学生在考试中没有取得理想的成绩，教师会因此开展反思行动，不断修正和提升个人的教育教学实践。所以说，教育是一场心灵与心灵的互动，任何一项教育行动都应该得到相应的情感反馈，这也是教育不同于其他行业的本质区别。

工具人心态不利于教师成长，甚至会对教师成长造成伤害。教育行业与简单的加工业不同，如果教师自视为工具人，就相当于将富有情感的教育工作看成了体力劳动——没有情感的付出，只有体力的宣泄，这是当下教育面临的一个巨大问题。正是因为有了工具人心态，不少教师就有了同样的模样，生硬说教、漫不经心；正是有了工具人心态，教师的成长就成了千篇一律，像流水线上的工人一样慢慢熟悉流程，慢慢将自己固定为机械操作。其实，教师应该是各美其美的，不应该长成相同的样子。所以，接下来我们要探讨的就是，教师如何才能长成自己的样子？

一个人要想变得不一样，就必须学会沉浸在一件事情里，做一个纯粹的沉浸者。沉浸者型的教师是什么样子？或者说，一个沉浸者的生成需要哪些因素来共同作用？首先，应该有一个安静而优雅的成长环境，让自己身心获得放松，去接纳当下的美好，从而激发出更多的灵感与创意。其次，要有一项值得沉迷的追求，沉浸者的标识就是专一、专注，要能够把一件事情做成生活里的唯一，这就需要培养并坚守一个追求，在某一个具体的领域沉迷且陶醉。所以，我们常提及的"一个人沉浸在教育事业里"的说法并不准确，很容易把那种漂浮在教育汪洋、随波逐流的人囊括其中。判断一个人是不是沉浸者，需要更加具体地观察其是否有确定的方向、明晰的领域。

再具体地说，沉浸者就是要长时间无干扰地高度专注于单一任务，而不是左顾右盼地寻找更容易的出路和坦途。有一句俗语说，"将军赶路，不追小兔"。意思是说，大将军身负重任，内心有着更高远的追求，应该执着于前方的目标行走，而不能被路边跑过的兔子所吸引。这其实是一种很难做到的"矢志不渝"，在通向理想的道路上，一定有着很多很多的吸引和诱惑，能不能拥有心无旁骛、不受干扰的定力，决定着一个人能否成为真正的沉浸者。

事实上，人是很容易被诱惑的群体。当你竭尽全力地艰难追逐时，身边的人却可以不劳而获地成为受益者，你能不能做到不被愤懑淹没？当你付出了比别人多得多的努力，却没有达到自己的目标，你会不会被失望裹挟？当你看到别人都在嘻嘻哈哈地享受生活时，你是否还可以保持自己的孤独坚守？最容易让人动摇的，通常不是现实的利益高低，而是与他人比较时的落差：别人千辛万苦获得了金山银山，我们或许可以心平气和地送上祝福；别人通过手段比我们多出了个三五斗，我们就难以抑制内心的波澜。这才是我们需要去克服的诱惑，用平静的心态面对得失，不被显而易见的"不公平"带走成长的激情。

从这个意义上来说，沉浸者都是不可撼动者，至少是精神世界的屹立者。而正是这种研究领域的不可撼动，精神世界的长期屹立，让教师在具体的实践领域往前一步，再往前一步。事实也证明，但凡有所成就者，通常都是优秀实践领域的坚守者和沉浸者。

## 让优秀更加优秀的动力

我在为河南省中原名师研修班学员们讲课之初首先进行了祝贺，并称他们为"幸运的优秀教师"，为什么是"幸运的优秀教师"呢？

"优秀"很好理解，因为中原名师是河南省教师的最高荣誉，其中的每位成员都是教育领域的佼佼者，随便拉出一位身上都有一大堆的荣誉。他们是优秀的，这一点毫无疑问。同时，他们又是"幸运"的，因为优秀的人数不胜数，一定还有比他们更加优秀的人没有得到体制的关注，更准确地说是没有机会得到"中原名师"这一评价标准的认可。从整体上来说，任何一种荣誉的评选都是机会与幸运的结合，获得荣誉的人一定是占尽了天时、地利与人和，才可以在众多参与者中脱颖而出，成为幸运者。具体来说，一个人要想站在荣誉之上，大致要具备以下几个幸运基因。

"天时"上的幸运。大多数综合荣誉的评选是滚雪球式的"证生证"，就是用众多的低层次证件累积去争取高层次证件，而且这种评选大多是几年一个周期，且会限定提交近几年的证件作为评选依据。有的人可能恰好在那几年里积攒了较多的证件，那么其获得新荣誉的可能性就会大。而有的人虽然证件很多，却并不集中在有效的年份之中，自然也就失去了竞争力。从近几年的相关实践来看，很多教师就是在恰当的时间参加了恰当的评选，集中了所有炮火攻下了荣誉的堡垒，这算是占尽了天时的一种表现。除此以外，当一项荣誉评选机会来临时，总会有人出于各种各样的原因错失机会，也会有人因各种各样的机缘巧合被推上了领奖台，这也是占尽天时的表现。

"地利"上的幸运。不同的荣誉评选，关注点不尽相同，有的侧重于业务，有的侧重于研究能力和影响力。在不同的地域，关注点也有显著差异：经济文化发达地区通常更加关注教师的综合素养，除了参考教师的教育教学实践能力，也会关注教师的学术研究与影响力，所以推出的高层次人才综合素养较高；也有一些地区则更加关注具体的实践能力，更加关注技能比赛的成绩而忽视研究能力，从而导致所评选出来的高层次人才综合素养较低。举个例子来说，旨在衡量教师实践成果、研究能力与学术水平的国家教学成果奖，在一些省份受到高度关注，成为荣誉评选的"硬件"，而在一些省份则被忽视为"废件"。在一定程度上来说，你的成长方向与本地行政部门的优秀观是否一致，也是能否在行政评选中胜出的关键。

"人和"上的幸运。高层次的荣誉一般都是需要逐层推荐的，那么每个推荐层级主要领导的观念与喜好也会决定教师的命运。举个例子来说，在校级推荐层面，校长如果附加一些个人主观因素在其中，必然会导致部分教师淹没在第一层比拼中。当学校没有把最优秀的推荐出来时，第二个层级的评选就谈不上优中选优，而是成了"矬子队里选高个"，后面的评选更是可想而知。所以说，凡是能够获得高层次荣誉的人，至少在每个层级都占有了"人和"的先机，层级越低"人和"的决定作用越大。

我说这些是想告诉那些在各种评选中胜出的教师，千万不要以为"入选"就是最优，在这个世界上一定有比你优秀的人出于各种原因未能"入选"。所以，当我们站在一定的高台上时，首先要有的应该是感谢之心，然后是敬畏之心。感谢天时、地利与人和的综合作用，让你有机会站在聚光灯下，敬畏这份荣誉带来的压力和动力，以更加虔诚的心去做教育，去做更好的教育，这才是正确的心态。事实上，当我把这样的一种思考传递给这些中原名师时，也获得了他们的高度认可，回顾自己的评选历程，对比在各个层级被淘汰的"对手"，自己的幸运更加明了。

承认自己的优秀，也承认自己的幸运，在幸运的支持下去做更加优秀的自己，这是每一位优秀者应该持有的心态。

# 后记：成长只能靠自己

书稿进入校对环节，有朋友问：为什么每一章的题目都要强调"自我"俩字呢？

教师是一种资格，而不是固有的身份，"何以为师"与"以何为师"都是我们必须要认真思考的问题。时代不同，教师的资格标准也就不同。何以为师？从历史上看，大致经历了长者为师、吏者为师、智者为师、能者为师等演进历程。以何为师？园丁、蜡烛、春蚕、灵魂的工程师等隐喻，也或深或浅地点出了不同时代对教师的印象。我觉得，新时代教师的定位，应该实现从"能者"向"觉者"的转变，也就是我在多年前就提出过的"觉者为师"。

今天，借助这本书再次谈"觉者为师"，就不得不提及当下教师应该具备的四大"觉知"：觉知个体的责任与担当，觉知教育的使命与发展，觉知学生的未来与成长，觉知专业的更迭与进阶。在这里面，教师专业的"更迭与进阶"最为关键，是实现其他三个"觉知"的前提——因为只有具备发展自觉的教师，才能做自觉的教育，也才能够成就教育的自觉。那么，新时代教师应该怎样实现专业进阶？这就是本书意在系统阐述的进阶之路——自我觉知、自我改进、自我赋能、自我增值、自我突围以及自我实现，意即通过自我努力实现专业进阶。通俗一点说，教师的成长只能靠自己。

上面的内容，算是解释了朋友的疑问，接下来我想谈谈教师"成长只能靠自己"。教师的成长属于自我成长，可以从三个方面来理解：从成长目标上来说，教师成长是自身的全面发展和进步，从而让自己更加胜任教师职业；从成长方式上来说，教师成长是自己成长自己，任何的外力都只能起到辅助作用；从成长动力上来说，只有教师自己愿意成长了，才有可能获得真正的成长。

我现在主要从事教师培训工作，对于教师培训的现状比较了解，或者说有着切身感受。近些年来，从国家到地方都特别重视教师发展，并将培训列为教师专业发展的重要手段，从国培、省培到市县两级教育行政部门组织的系列培训，培训的频次和体量足够丰富，培训内容的设计也越来越追求高质量，但培训的效果却不尽如人意。原因何在？我认为这与教师培训没有唤醒教师的成长意识有关。站在教师的角度看，教师培训更像外加在教师身上的任务，属于不得不做的工作，自然也就会像应对工作一样去应对培训，培训的效果也就可想而知了。

成长是自己的事情，没有人可以代替，也没有人可以强加给教师。就像吃饭一样，如果自己不愿意吃，饭菜做得再好，别人再怎么劝让，都不可能吃到肚子里。既然是自己的事情，那也就只能靠自己来解决，一个老师一旦有了成长的愿望，就可以突破所有的困境去成长。在愿望面前，辛苦、劳累、烦恼、苦闷都不再是问题，甚至可以转化为成长的动力。这样的例子有很多，甚至可以说所有成长迅速的老师，都是有了愿望以后奋起直追，比如我在书中提到的"叙事者"团队的老师们。

　　有时候也会听到一些年轻老师的怨言，周围没有名师引领，学校领导不重视教师成长，很少有外出学习的机会，等等。这是一种错误的归因，一个老师能否获得成长跟环境与平台有关，但这肯定不是决定性因素。我们可以看到，在一些名校里也有成长得一塌糊涂的老师，偏远封闭的乡村学校里也有闪烁着光辉的优秀教师，能否成长的主因取决于自己，而不是别人。把成长托付给别人，永远得不到真正的成长，只有自己才是自己最坚定的靠山。所以，这本书一直在强调自我，愿这本书，能够带给读者朋友们一股"蠢蠢欲动"的力量！

教育
发现

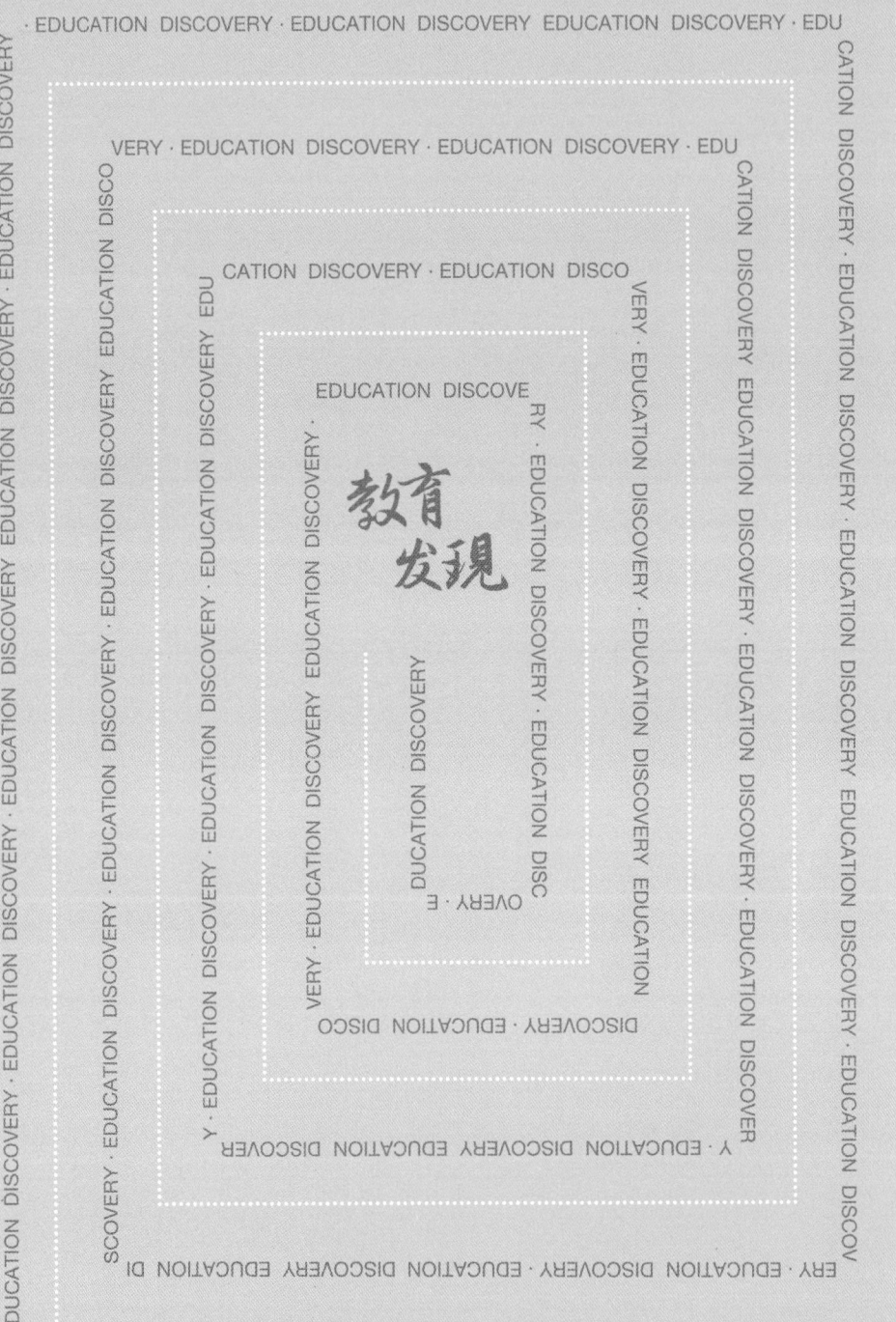